Edgar Allan Poe

GRANDES
— AUTORES —

EDGAR A. POE

Narraciones Extraordinarias (5ª. selección)

Ediciones 29
Mandri, 41 - 08022 Barcelona (España)

Título: NARRACIONES EXTRAORDINARIAS
(5.ª Selección)

Autor: *Edgar Allan Poe*

La presente edición es propiedad de
© EDICIONES 29
Mandri, 41 - 08022 Barcelona
Teléfono (93) 212 38 36 - Télex 98.772-CLLC-E
Fax: (93) 417 65 05

Impreso en España - *Printed in Spain*
Depósito legal: B. 24.400-1993
ISBN: 84-7175-361-8

Traducción: *Ramón Hervás*

Cubierta: *Ripoll Arias + Equipo editorial*

Impreso en DUPLEX, S.A.
Ciudad de la Asunción, 26, int.
08030 BARCELONA

Indice

Edgar A Poe

La caída de la casa Usher

Su corazón es como un laúd
[suspendido;
El más leve roce, arranca un
[sonido.

DE BERANGER

Un día de otoño, sombrío y triste, en que las nubes estaban pesadas y bajas, atravesé, solo y a caballo, una extensión de territorio singularmente lúgubre, y finalmente, cuando se acercaba la noche, me encontré ante la melancólica Casa Usher.

Ignoro cómo ocurrió, pero, al primer golpe de vista que eché al edificio, un sentimiento de enorme tristeza penetró en mi alma. Digo enorme, porque aquella tristeza no estaba compensada ni por una partícula del sentimiento cuya esencia poética es casi una voluptuosidad, y que, generalmente, hace presa del alma ante las imágenes naturales más sombrías de la desolación y del terror. Miraba el cuadro situado ante mí, y, sólo al ver la casa y la perspectiva tan característica de aquella posesión —las paredes que tenían frisos, las ventanas parecidas a ojos distraídos, algunos ramilletes de juncos vigorosos, algunos árboles blancos y desmayados— experimenté el hundimiento de alma, que, entre las sensaciones, sólo puede compararse al mundo del fumador de opio, a su doloroso retorno a la vida cotidiana, a la horrible y lenta retirada del velo. Era un hielo en el corazón, un abatimiento, una gran tristeza de pensamiento que ningún aguijón de la imaginación puede reavivar.

¿Qué era, pues —pensé—, ese no sé qué que me enervaba de tal modo al contemplar la Casa Usher?...

Era un misterio insoluble, y no podía luchar contra los pensamientos tenebrosos que se amontonaban en mí mientras reflexionaba. Tuve necesidad de llegar a la conclusión poco satisfactoria de que existen combinaciones de objetos naturales muy simples que tienen el poder de afectarnos de tal modo que el análisis de ese poder se aloja en consideraciones dentro de las cuales nos perderíamos. Es posible, pensaba, que una simple diferencia en la ordenación de los materiales de la decoración, de los detalles del cuadro, sea suficiente para modificar, para aniquilar, quizás, aquella potencia de impresión dolorosa; y, obrando según esa idea, conduje a mi caballo hacia el borde escarpado de un negro y lúgubre estanque, que, espejo inmóvil, se extendía ante el edificio; y miré —pero con un estremecimiento más penetrante aún que la primera vez— las imágenes reflejadas e invertidas de los juncos grisáceos, de los troncos de árboles siniestros y de las ventanas parecidas a ojos sin pensamiento.

Era ese habitáculo de melancolía donde yo me había propuesto residir durante algunas semanas. Su propietario, Roderick Usher, había sido uno de mis buenos amigos de la infancia; pero habían pasado muchos años desde nuestra última entrevista.

Una carta me había llegado recientemente a un lejano lugar del país, una carta suya, cuyo tono apremiante no admitía otra respuesta que la de mi presencia. La escritura tenía rasgos de agitación nerviosa. El autor de esa carta me hablaba de una enfermedad aguda —de una afección mental que le oprimía— y de un ardiente deseo de verme, por ser yo su mejor y único amigo; esperando encontrar en la alegría de mi compañía algún alivio a su dolencia. Era el tono en que todas esas cosas y muchas otras se decían, era ese ruego de un corazón suplicante, lo que no me permitía vacilación alguna; en consecuencia, obedecí a lo que yo creía en todo caso como una invitación singular.

Si bien en nuestra infancia fuimos camaradas íntimos, en realidad, yo sabía poco de mi amigo. La reserva excesiva había sido siempre una de sus costumbres. Sabía que pertenecía a una familia muy antigua, que se había distinguido desde tiempo inmemorial por un particular temperamento sensible. Esa sensibilidad se había desplegado a través del tiempo, en numerosas obras de un arte superior, y se había manifestado por los actos repetidos de una caridad tan amplia como discreta, así como por un amor apasionado por las dificultades, quizá más que por las bellezas ortodoxas, tan fácilmente reconocibles siempre, de la ciencia musical. Había sabido también el hecho notable de que el tronco de la raza de Usher, por muy gloriosamente antiguo que fuese, no había jamás, en ninguna época, producido una rama duradera; en otras palabras, que la familia sólo se había perpetuado en línea directa, salvo algunas excepciones insignificantes y pasajeras.

Era esa ausencia —pensaba yo mientras meditaba acerca del perfecto acuerdo entre el carácter del lugar y el carácter de la raza, y, reflexionaba acerca de la influencia que en una larga serie de siglos el uno podía haber ejercido sobre el otro—, era quizás esa ausencia de rama colateral y la transmisión constante de padre a hijo del patrimonio y del nombre, que, a la larga, tan bien había identificado a los dos, que el nombre de la propiedad se había fundido en la rara y equívoca denominación de *Casa Usher,* nombre empleado por los campesinos y que parecía, en su espíritu, abarcar a la familia y a la casa.

He dicho que el solo efecto de mi experiencia algo pueril —es decir, la de haber mirado en el estanque— había sido el de hacer más profunda mi primera y tan singular impresión. No debo dudar de que la consciencia de mi creciente superstición —¿por qué no la definiré así?— no haya contribuido principalmente a acelerar aquel crecimiento. Tal es, ya lo sabía hacía tiempo, la ley paradójica de todos los sentimientos que tienen al miedo por base. Y esa fue la única razón que hizo que, cuando mi vista, dejando la imagen en el estanque, se levantó hacia la casa misma, una extraña idea nacía en mi espíritu, una idea tan ridícula, en verdad, que, si hago mención de ella, es sólo para mostrar la fuerza viva de las sensaciones que me oprimían. Mi imaginación había trabajado tan bien que yo creía realmente que alrededor de la casa y del dominio se cernía una atmósfera que le era peculiar, así como a los alrededores más cercanos —una atmósfera que no tenía afinidad con el aire del cielo, pero que se exhalaba de los árboles decaídos, de las paredes grises y del estanque silencioso—, un vapor misterioso y pestilente apenas visible, pesado, perezoso y de color plomizo.

Expulsé de mi espíritu lo que no podía ser sino un sueño y examiné con más atención el aspecto real del edificio. Su carácter dominante parecía ser el de una cierta antigüedad. La decoloración producida por el tiempo era grande. El musgo recubría toda la parte exterior y la tapizaba, a partir del techo, como una tela curiosamente extendida. Pero ello no implicaba ninguna pérdida extraordinaria; nada de la mampostería había caído, y parecía que hubiese una contradicción extraña entre la consistencia general de todas sus partes y el estado particular de las piedras desmenuzadas, que me recordaban la especiosa integridad de los viejos barriles que se han dejado mucho tiempo pudrir en alguna bodega olvidada, lejos del soplo de aire exterior. Aparte ese indicio de deterioro, el edificio no presentaba ninguna fragilidad. Quizá el ojo de un observador minucioso hubiese descubierto una grieta apenas visible, que, partiendo del techo de la fachada, se abría camino en quebrada línea a través de la pared e iba a perderse en las aguas del estanque.

Mirando esos detalles, seguí a caballo un corto trecho que me condujo a la casa y entré bajo la bóveda gótica del vestíbulo. Luego, un criado me condujo en silencio a través de pasillos oscuros y complicados hacia el gabinete de su dueño. Muchas cosas que encontré durante ese paseo contribuyeron a acrecentar las sensaciones vagas de las que ya he hablado. Los objetos que me rodeaban —las esculturas, los sombríos tapices de las paredes, la negrura de ébano del suelo y los fantasmagóricos trofeos heráldicos que resonaban sacudidos por mi marcha precipitada— eran cosas que yo ya conocía. En mi niñez me había acostumbrado a espectáculos análogos, y, aunque las reconociera sin vacilación como cosas que me eran familiares, me admiré de las ideas insólitas que aquellas imágenes ordinarias evocaban en mí. En una de las escaleras encontré al médico de la familia. Su fisonomía, según me pareció, tenía una expresión mezcla de maldad y de perplejidad. Nos cruzamos precipitadamente y pasó. El criado abrió entonces una puerta y me introdujo a presencia de su dueño.

La sala en la que me encontraba era muy grande y muy alta de techo; las ventanas; largas, estrechas, y a tal distancia del suelo que era imposible llegar a ellas. Débiles rayos de luz se abrían paso a través de los cristales enrejados, y hacían visibles los principales objetos. De todos modos, la mirada se esforzaba en vano por llegar a los rincones lejanos de la habitación o a los huecos del techo abovedado y adornado. Sombrías colgaduras tapizaban las paredes. El mobiliario general era extravagante, incómodo, antiguo y deteriorado. Una masa de libros y de instrumentos de música estaba desparramada por todas partes, pero no bastaba para dar vida alguna al cuadro. Sentí que respiraba una atmósfera de tristeza. Una melancolía profunda, incurable, se cernía sobre todo y en todo penetraba.

A mi llegada, Usher se levantó de un sofá en que estaba estirado y me acogió con calurosa vivacidad, que se parecía mucho —tal fue, por lo menos, mi primera idea— a una cordialidad enfática, al esfuerzo de un hombre de mundo aburrido, que obedece a una circunstancia.

Una mirada a su fisonomía me convenció de su sinceridad. Nos sentamos, y durante algunos momentos le contemplé con un sentimiento mitad de compasión y mitad de espanto. ¡Seguramente que jamás hombre alguno había cambiado de una manera tan terrible, y en tan poco tiempo como Roderick Usher! Con gran pena consentí en admitir la identidad del hombre situado ante mí y el compañero de mis primeros años. El carácter de su fisonomía siempre había sido notable. Una tez cadavérica; unos ojos anchos y llorosos más allá de toda comparación; unos labios delgados y pálidos, pero de trazo maravillosamente bello; una nariz de molde judío, muy delicada, pero con una anchura de ventanas que concuerda raramente con tal forma; un mentón perfecto pero que, por su falta de saliente, acusaba cierta falta de energía moral; unos cabellos suaves. Todos esos rasgos, a los que hay que añadir un desarrollo frontal excesivo, le daban una fisonomía que no es fácil de olvidar. Pero entonces, en la simple exageración del carácter de aquella cara y de la expresión que presentaba habitualmente, había tal cambio que dudé del hombre con quien hablaba. La palidez de la piel y el brillo de sus ojos me sobrecogieron y me espantaron. Además, había dejado crecer indefinidamente sus cabellos sin darse cuenta, y como aquel pelo flotaba alrededor de su rostro, no podía yo, ni con la mejor voluntad, encontrar en su sorprendente estilo nada que recordara la simple humanidad.

Me sorprendí, primero, de cierta incoherencia, una inconsistencia en las maneras de mi amigo, y pronto descubrí que ello provenía de un esfuerzo incesante, tan débil como pueril, para dominar una habitual agitación nerviosa. Yo ya me esperaba algo de ese género y estaba preparado no solamente por su carta, sino también por el recuerdo de ciertos rasgos de su infancia, y por conclusiones deducidas de su singular conformación física y de su temperamento. Su actuación era alternativamente indolente y vivaz. Su voz pasaba con rapidez de una indicación trémula, cuando los espíritus vitales parecían enteramente ausentes, a aquella especie de brevedad enérgica, a aquella enunciación abrupta, sólida, pausada y resonando a hueco, a aquel hablar gutural y rudo, perfectamente equilibrado y modulado, que se puede observar en el beodo o en el vicioso fumador de opio durante los períodos de su más intensa excitación.

Con ese tono me habló del objeto de su llamada, de su deseo de verme, y del consuelo que de mí esperaba. Se extendió mucho y se explicó a su manera sobre el carácter de su enfermedad. Era, decía, un mal de familia, un mal constitucional, un mal para el que había perdido la esperanza de encontrar remedio, una simple afección nerviosa, añadió inmediatamente después, de la cual, sin duda, se libraría pronto. Ese mal se manifestaba por una multitud de sensaciones extranaturales. Algunas, mientras me las describía, me interesaron y me confundieron; es posible, no obstante, que a ello contribuyeran, con mucho, los términos y el tono de su relato. Sufría vivamente de una acuidad mórbida de los sentidos; los alimentos más simples eran para él los únicos tolerables; no podía vestir sino ciertos tejidos; todos los aromas de las flores le sofocaban; la luz, aunque débil, le torturaba los ojos; y sólo algunos sonidos particulares, es decir, los de los instrumentos de cuerda, no le inspiraban horror.

Pude comprobar que era esclavo de una especie de terror totalmente anormal.

—Moriré —dijo—; es preciso que muera de esa deplorable locura. Es así, así, y no de otro modo, como pereceré. Temo el futuro, no por sí mismo sino por sus resultados. Me estremezco con la idea de un incidente cualquiera, del género más vulgar, que pueda obrar sobre esa intolerable agitación de mi alma. No temo el peligro, exceptuando su positivo efecto: el terror. En ese estado de enervación, que es un estado lamentable, presiento que tarde o temprano llegará el momento en que la vida y la razón me abandonarán a la vez, ¡en una lucha desigual con un siniestro fantasma: ¡El Miedo!

Supe, también, a intervalos, y por confidencias entrecortadas, medias palabras y suposiciones, otra particularidad de su situación moral. Estaba dominado por ciertas supersticiones sobre el solar que habitaba y del que no se había atrevido a salir desde hacía muchos años, relativas a una influencia cuya supuesta fuerza él traducía en términos demasiado tenebrosos para ser traídos aquí, una influencia que algunas particularidades en la forma misma y en la materia de la casa solariega habían, por el uso del sufrimiento, decía, impreso en su espíritu un afecto que lo físico de las paredes grises, de los torreones y del estanque negruzco en que se reflejaba todo el edificio, había, a la larga, creado en lo moral de su existencia.

Creía, no sin vacilación, que una buena parte de la melancolía en que se hallaba podía atribuirse a un origen más natural y mucho más positivo, a la enfermedad cruel y ya antigua, en fin, a la muerte evidentemente cercana de una hermana tiernamente querida; su única compañía desde hacía largos años; su última y sola familia en la tierra.

—Su muerte —me dijo, con amargura que jamás olvidaré— me dejará, a mí, el frágil y el desesperado, como último superviviente del antiguo linaje de los Usher.

Mientras hablaba, lady Madeleine —que así se llamaba ella—, pasó lentamente por una parte lejana de la habitación y desapareció sin darse cuenta de mi presencia.

La miré con una inmensa sorpresa, con la que se mezclaba algún terror; pero me pareció imposible el darme cuenta de mis sentimientos. Una sensación de estupor me oprimió, mientras mi vista seguía sus pasos que se alejaban.

Cuando, por fin, una puerta se cerró tras ella, mi mirada buscó instintiva y curiosamente la fisonomía de su hermano; pero éste había hundido el rostro en sus manos y solamente pude ver una palidez más que ordinaria que se había extendido por sus dedos adelgazados, a través de los que se filtraba una lluvia de apasionadas lágrimas.

La enfermedad de lady Madeleine hacía tiempo que se reía de la ciencia y de sus médicos. Una apatía fija, un agotamiento gradual de su persona, y crisis frecuentes, aunque pasajeras, de carácter casi cataléptico, eran sus diagnósticos. Hasta entonces, había soportado el peso de la enfermedad y no se había resignado aún a meterse en la cama; pero, al final de la tarde de mi llegada al castillo, cedía —como me dijo su hermano por la noche con una inexpresable agitación— a la fuerza aplastante de la calamidad; y supe que la mirada que le dirigí será probablemente la última, que ya no vería más a la dama, viva por lo menos.

Durante los días siguientes, ni Usher ni yo pronunciamos su nombre; y en ese tiempo agoté mis esfuerzos para aligerar la melancolía de mi amigo.

Hablamos y leímos juntos; o bien yo escuchaba, como en un sueño, sus extrañas improvisaciones en la guitarra. Y así, a medida que una intimidad cada vez más estrecha me abría más las profundidades de su alma, yo reconocía con más amargura la vanidad de todos mis esfuerzos para reanimar un espíritu, del cual la noche, como una propiedad que le hubiese sido inherente, vertía sobre todos los objetos del universo físico y moral una irradiación incesante de tinieblas.

Tendré siempre el recuerdo de las muchas horas solemnes que pasé solo con el dueño de la Casa Usher. Pero en vano trataría de definir el carácter exacto de los estudios y de las ocupaciones a que me arrastraba o cuyo camino me enseñaba. Una idealidad ardiente, excesiva, mórbida, proyectaba, sobre todas las cosas su luz sulfurosa. Sus largas y fúnebres improvisaciones resonarán eternamente en mis oídos. Entre otras cosas, recuerdo dolorosamente cierta paráfrasis singular, una perversión del aire, algo rara además, del último vals de Weber.

En cuanto a las pinturas que incubaba su laboriosa fantasía, y que alcanzaban, pincelada tras pincelada, una vaguedad que me daba escalofríos, escalofríos tanto más penetrantes cuanto que yo me estremecía sin saber por qué; en cuanto a sus pinturas —tan vivientes para mí que aún tengo sus imágenes en mis ojos—, en vano trataría de extraer de ellas una muestra suficiente, que pudiera mantenerse en el compás de la palabra escrita. Por la absoluta simplicidad, por la desnudez de su dibujo, atraía, subyugaba la atención. Si alguien pintó una idea, ese fue Roderick Usher. Para mí, por lo menos —en las circunstancias que me rodeaban—, se elevaba, de las puras abstracciones que el enfermo se esforzaba en fijar sobre la tela, un terror intenso, irresistible, del que nunca sentí ni la sombra en la contemplación de los ensueños del mismo Fuseli, brillantes sin duda, pero todavía demasiado concretas.

Hay una de las concepciones fantasmagóricas de mi amigo,

en la que el espíritu de abstracción no tenía una parte tan exclusiva, y que puede ser abocetada, aunque débilmente, de palabra. Era un cuadrito que representaba el interior de una bodega o de un subterráneo inmensamente largo, rectangular, con las paredes bajas, pulidas, blancas, sin ningún adorno, sin interrupción alguna. Ciertos detalles accesorios de la composición servían para hacer comprender que aquella galería se encontraba a una profundidad excesiva bajo la superficie de la tierra. No se percibía ninguna salida en su inmenso recorrido; no se distinguía ninguna antorcha, ninguna fuente artificial de luz; y, no obstante, una efusión de radios de luz intensos iba de uno al otro lado, y lo bañaba todo con un esplendor fantástico e incomprensible.

He dicho algo sobre el estado mórbido del nervio acústico, que hacía intolerable para Usher cualquier música, salvo ciertos efectos de los instrumentos de cuerda. Eran, quizá, los estrechos límites en que había confinado su talento guitarrístico, los que habían, en gran parte, impuesto a sus composiciones su carácter fantástico. Pero en cuanto a la ardiente facilidad de sus improvisaciones, no podía dar cuenta de ellas de igual modo. Era necesario, con toda evidencia, que fuesen lo que eran, en efecto, en las notas como en las palabras de sus extrañas fantasías —porque acompañaba a menudo su música con palabras improvisadas y rimadas—, el resultado de aquel intenso recogimiento y de aquella concentración de fuerzas mentales, que no se manifestaba, como ya he dicho, sino en las cosas particulares de la más alta excitación artificial.

De esas composiciones músico-literarias recuerdo fácilmente las palabras. Quizá me impresionó más fuertemente cuando me la mostró, porque en el sentido interior y misterioso de la obra, creí descubrir, por primera vez, que Usher tenía plena conciencia de su estado —que sentía que su sublime razón vacilaba sobre su trono—. Las palabras de esos versos, que se formaban *El Palacio Atormentado* eran, poco más o menos, las siguientes:

I

En el más bello de nuestros valles,
habitado por los ángeles buenos,
un bello y majestuoso palacio,
—un radiante palacio— erguíase orgulloso.
En el dominio del monarca Pensamiento,
allí era donde se elevaba.
Jamás serafín alguno desplegó sus alas
sobre edificio ni la mitad tan bello.

II

Magníficos, soberbios y dorados pendones
flotaban y ondulaban en su cúpula;
(todo eso acontecía en el pasado,
en el más antiguo tiempo).
Y de cada brisa leve que soplaba
en aquellos suaves días,
por lo largo de las murallas almenadas y pálidas,
emanaba un perfume etéreo.

III

Quienes llegaban veían en aquel valle de la Dicha,
a través de dos ventanas transparentes,
a los espíritus que se movían armoniosamente
al son de un laúd bien tañido,
alrededor de un trono en el que sentado,
—¡un verdadero monarca, sì!—,
en un tronco digno de su gloria,
aparecía el señor del reino.

IV

Y brillante como el nácar,
era la puerta del bello palacio,
por la que manaba a raudales,
y chisporroteaba sin parar
una miríada de Ecos cuya hermosa función
era la de cantar,
con exquisita y total armonía,
al espíritu y a la sabiduría de su rey.

V

Entes de desgracia, vestidos de luto,
han atacado la alta autoridad del monarca.
¡Ah, lloremos, porque ya nunca el alba de una mañana
brillará para él, el desolado!
Y, alrededor de su morada, la gloria
que se empurpuraba y florecía,
ya no es más que historia, tenebroso recuerdo,
de antiguas edades idas.

VI

Y ahora quienes llegan a este valle,
tras las ventanas rojizas, ven
amplias formas que se mueven, fantásticas,
al son de músicas discordantes;
mientras que, como un río rápido y lúgubre,
a través de la puerta pálida,
una lamentable multitud se arroja,
lanzando risotadas, porque ya no puede sonreír.

Las inspiraciones que nacieron de esa balada nos arrojaron en una corriente de ideas en medio de las cuales se manifestó una opinión de Usher, que cito, no tanto por su novedad —puesto que otros hombres han pensado lo mismo— como por la obstinación con que la sostenía. Esa opinión, en su forma general, no era sino la creencia en la sensibilidad de todos los seres vegetales. Pero en su desordenada imaginación la idea había tornado un carácter aún más audaz, e invadía, en ciertas condiciones, hasta el reino inorgánico.

No tengo palabras para expresar la extensión, la seriedad, el abandono de su fe. Esa creencia, de todos modos, iba unida —como ya he dejado entender— a las piedras grises de la casa solariega. Aquí, las condiciones de sensibilidad se cumplían, según él imaginaba, por el método que había presidido a la construcción, por la disposición respectiva de las piedras, como por todas las fungosidades de que estaban revestidas, y por los árboles destrozados que se erguían a su alrededor, pero, sobre todo, por la inmutabilidad del arreglo y por su repercusión en las aguas durmientes del estanque.

La prueba, la prueba de esa sensibilidad se dejaba ver —decía, y yo le escuchaba entonces con inquietud— en la condensación gradual pero positiva, por encima de las aguas, alrededor de los muros, de una atmósfera que les era particular. El resultado —añadía— se declaraba en esa influencia muda, pero importuna y terrible, que desde hacía siglos había, por así decirlo, amoldado los destinos de su familia y hacía que él fuera tal como le veía entonces, tal como era.

Tales opiniones no necesitan comentarios, y no los haré.

Nuestros libros —los libros que desde hacía años constituían una gran parte de la existencia espiritual del enfermo— estaban, como puede suponerse, en perfecto acuerdo con su carácter de visionario. Analizábamos juntos obras tales como el *Vert-Vert* y la *Chartreuse*, de Gresset; el *Belphegor*, de Maquiavelo; las *Maravillas del Cielo y del Infierno*, de Swedenborg; el *Viaje subterráneo de Nicholas Klim*, de Holberg; la *Quiromancia*, de Robert Fludd, de Jean d'Indaginé y de De la

Chambre; el *Viaje por el azul*, de Tieck, y *La Ciudad del Sol*, de Campanella. Uno de sus volúmenes favoritos era una pequeña edición del *Directorium inquisitorium*, de Eymeric De Gironne; y había pasajes en Pomponio Mela, a propósito de los antiguos sátiros africanos y de los egipcios, acerca de los cuales Usher desvariaba durante horas. Sin embargo, sus delicias las encontraba en un tomo gótico, excesivamente raro y curioso, el manual de una iglesia antigua: las *Vigilias Mortuorum secundum Charum Ecclesia Maguntinae*.

Yo creía, a pesar mío, en el extraño ritual contenido en ese libro y en su influencia probable sobre él, cuando una tarde, habiéndome informado bruscamente de que lady Madeleine ya no existía, me anunció la intención de conservar el cuerpo durante una quincena —en espera del entierro definitivo—, en una de las numerosas cuevas situadas bajo los gruesos muros del castillo. La razón humana que daba a esa singular manera de proceder era una de aquellas razones a las que yo no me creía con derecho a contradecir. Como hermano —me decía—, había tomado aquella resolución en consideración al carácter insólito de la enfermedad de la difunta, de cierta curiosidad impertinente e indiscreta de los hombres de ciencia, y de la situación alejada y muy expuesta del panteón de la familia.

He de confesar que, cuando me acordé de la fisonomía siniestra del individuo que encontré en la escalera, la tarde de mi llegada al castillo, no sentí deseos de oponerme, a lo que miraba como una precaución muy inocente, sin duda, pero ciertamente muy natural.

A ruegos de Usher, le ayudé en los preparativos de aquella sepultura temporal. Pusimos el cuerpo en el ataúd, y lo llevamos a su lugar de reposo. La tumba en que lo colocamos —la pobreza de oxígeno en el aire hizo que nuestras antorchas se apagaran a medias en aquella atmósfera sofocante, y apenas pudimos examinar el lugar— era pequeña, húmeda, y no ofrecía vía alguna a la luz del día; estaba situada, a gran profundidad, justo debajo de la parte del edificio en que se encontraba mi dormitorio.

Había sido probablemente, en los viejos tiempos feudales, el horrible lugar de calabozos subterráneos, y, en tiempos posteriores, gruta para guardar la pólvora o cualquiera otra materia inflamable fácilmente; porque una parte del suelo y todas las paredes de un largo vestíbulo que atravesamos para llegar a ella, estaban cuidadosamente recubiertas de cobre. La puerta, de hierro macizo, había sido objeto de las mismas precauciones. Cuando su peso inmenso giraba sobre sus goznes, daba un sonido singularmente agudo y lúgubre.

Pusimos nuestra fúnebre carga sobre unos caballetes en esa región de horror; corrimos un poco hacia el lado la tapa de la caja que aún no estaba atornillada y miramos la faz del cadáver. Un parecido sorprendente entre el hermano y la hermana llamó de golpe mi atención; y Usher, adivinando quizá mis pensamientos, murmuró algunas palabras que me hicieron saber que la difunta y él eran gemelos, y que simpatías de una naturaleza casi inexplicable habían existido siempre entre ellos. Nuestras miradas, no obstante, no permanecieron mucho tiempo fijas sobre la muerta, porque no podíamos mirarla sin pavor.

El mal que había llevado a la tumba a lady Madeleine en plena juventud, había dejado, como sucede ordinariamente con todas las enfermedades de un carácter cataléptico, la ironía de una débil coloración en el pecho y en la faz, y, en el labio, aquella sonrisa equívoca y lánguida que tan terrible es en la muerte. Volvimos a colocar la tapa y la atornillamos, y después de haber cerrado la puerta de hierro, reemprendimos nuestro camino hacia las estancias superiores, que no resultaban mucho menos melancólicas.

Después de algunos días de la más amarga pena, se operó un cambio visible en los síntomas de la enfermedad moral de mi amigo. Sus maneras ordinarias habían desaparecido. Sus ocupaciones habituales las había descuidado, olvidado. Erraba de habitación en habitación con paso precipitado, desigual y sin objeto. La palidez de su fisonomía había revestido un color quizás aún más espectral; pero la luminosidad de sus ojos había desaparecido completamente.

Ya no se oía aquel tono de voz áspero que a veces tenía; y un temblor que hubiérase dicho cansado por un extremo terror caracterizaba habitualmente su pronunciación. Me acontecía algunas veces, en verdad, que me figuraba que su espíritu, incesantemente agitado, estaba torturado por algún secreto terrible, y que no podía encontrar el valor necesario para revelarlo. Otras veces, tenía que opinar simplemente que se trataba de las rarezas de la locura; porque le veía mirando al vacío durante largas horas en la actitud de la más profunda atención, como si escuchara un ruido imaginario.

No hay que extrañarse de que su estado me asustara, que llegara a afectarme. Sentía deslizarse en mí, en una gradación lenta, pero segura, la extraña influencia de sus supersticiones fantásticas y contagiosas.

Ocurrió una noche —la séptima u octava después de colocar a lady Madeleine en su sepultura—, muy tarde, antes de meterme en la cama, cuando yo sentí toda la potencia de esas sensaciones. El sueño no quería acercarse a mi lecho, las horas pasaban sin cesar. Me esforzaba por razonar la agitación que me dominaba. Trataba de persuadirme de que lo que sentía lo debía, si no absolutamente, en parte, a la influencia del melancólico amueblamiento de la estancia, de las sombrías colgaduras desgarradas, que, atormentadas por el soplo de la tempestad naciente, oscilaban acá y allá por las paredes, como por accesos y hacían ruidos alrededor de la cama.

Todos mis esfuerzos fueron vanos. Un gran terror penetró gradualmente en todo mi ser; y, a la larga, una angustia sin motivo, una verdadera pesadilla, se abatió sobre mi corazón. Respiré violentamente, hice un esfuerzo, logré sacudirla; incorporándome sobre las almohadas, y hundiendo mi mirada en la oscuridad de la habitación, presté oído —no sabría decir por qué si no es porque fui impelido por una fuerza instintiva— a ciertos sonidos bajos y vagos que partían de no sé dónde, y que me llegaban a largos intervalos, a través de la tempestad.

Dominado por una intensa sensación de horror, inexplicable e intolerable, me vestí con precipitación —porque sentía que no podría dormir en toda la noche—, y me esforcé, andando de un lado a otro de la habitación, a grandes pasos, por salir del estado en que había caído.

Apenas había dado algunas vueltas cuando un rumor de pasos en una escalera vecina detuvo mi atención. Pronto reconocí que era el paso de Usher. Un segundo después, él llemó suavemente a mi puerta, y entró, con una lámpara en la mano. Su fisonomía era, como de costumbre, de una palidez cadavérica —pero había además en sus ojos no sé qué hilaridad insensata— y en todas sus maneras una especie de histeria evidentemente contenida.

Su presencia me espantó; pero todo era preferible a la soledad que había soportado tanto tiempo, y acogí su presencia como un alivio.

—¿Y usted no lo ha visto? —dijo bruscamente, después de algunos minutos de silencio y de haber paseado a su alrededor una mirada fija—. ¿No lo ha visto? ¡Pues espere! ¡Lo verá!

Mientras hablaba así, y habiendo protegido cuidadosamente su lámpara, se precipitó hacia una de las ventanas, y la abrió de par en par a la tempestad.

La intensidad de la ráfaga casi nos arrancó del suelo. Era una noche de tormenta horriblemente bella, una noche única y extraña en su horror y en su belleza. Probablemente se había concentrado un torbellino en nuestros parajes; porque había cambios frecuentes y violentos en la dirección del viento, y la excesiva densidad de las nubes, tan bajas que pesaban sobre los torreones del castillo, no nos impedía ver ese fenómeno; no obstante, no percibíamos ni un rayo de luna y ningún relámpago proyectaba su brillo. Pero las superficies inferiores de aquellas masas de vapores traqueteados, así como todos los objetos terrestres situados en nuestro limitado horizonte, reflejaban la luz sobrenatural de una exhalación gaseosa que pesaba sobre la casa y la envolvía como con un sudario, casi luminoso y claramente visible.

—¡Usted no debe ver eso! —dije, estremeciéndome, a Usher; y le llevé con cierta violencia de la ventana a una butaca—. Esos espectáculos que le asustan son fenómenos puramente eléctricos y muy ordinarios, o quizá tienen su funesto origen en los olores fétidos del estanque. Cerremos esa ventana; el aire es helado y peligroso para su constitución. He aquí una de sus novelas favoritas. Yo leeré, y usted escuchará; y pasaremos así, juntos, esta terrible noche.

El viejo libro sobre el cual yo había puesto la mano era el *Mad Trist*, de Lancelot Canning; pero yo lo había decorado con el título de libro favorito de Usher por broma; triste broma, porque, en verdad, en su inocente y barroca prolijidad no había lugar para la alta espiritualidad de mi amigo. Pero era el único libro que tuve inmediatamente a mano; y me mecía la vaga esperanza de que la agitación que atormentaba al hipocondríaco encontraría alivio (porque la historia de las enfermedades mentales está llena de anomalías de ese género) en la exageración misma de las locuras que yo iba a leerle.

A juzgar por el interés extrañamente tenso con que escuchaba o simulaba escuchar las frases de la narración, hubiera podido felicitarme por el éxito de mi astucia.

Había yo llegado a aquella parte tan conocida de la historia en que Ethelred, el héroe del libro, habiendo en vano tratado de entrar amigablemente en la morada de un ermitaño, se puso en disposición de entrar en ella por la fuerza. Aquí el narrador dice así:

> «Ethelred, que por naturaleza era un corazón valiente, y que entonces era también muy fuerte, a causa del vino que había bebido, no esperó más para parlamentar con el ermitaño, que tenía el espíritu inclinado a la obstinación y a la malicia, sino que, sintiendo la lluvia sobre sus hombros, y temiendo la explosión de la tempestad, levantó de tal modo su maza que con algunos golpes abrió pronto un camino a través de las planchas de la puerta a su mano enguantada de hierro; y, tirando con su mano vigorosamente hacia sí, lo hizo crujir y saltar todo en pedazos, tan-

to, que el ruido de la madera seca sonando a hueco produjo alarma, resonó de un lado al otro del bosque,»

Al terminar esta frase me estremecí e hice una pausa; porque me había parecido que de una parte muy alejada del solar había venido confusamente a mi oído un ruido, que hubiera podido tomarse, a causa de su exacta analogía, por el eco apagado, amortiguado, de aquel ruido de crujimiento y de arrancamiento tan precisamente descrito por sir Lancelot. Evidentemente, era sólo la coincidencia la que había llamado mi atención; porque, entre los golpes de los marcos de las ventanas y todos los ruidos confusos de la tempestad, siempre creciente, el ruido en sí mismo no tenía nada que verdaderamente pudiera intrigarme o turbarme. Continué la narración:

> «Mas Ethelred, el campeón, cruzando entonces la puerta fue grandemente maravillado de no percibir traza alguna del malicioso ermitaño, sino que en su lugar había un dragón de apariencia monstruoa y escamosa, con una larga lengua de fuego, que estaba de centinela delante de un palacio de oro, cuyo suelo era de plata; en la pared estaba, suspendido, un escudo de bronce con esta leyenda grabada encima:
>
> QUIEN ENTRE AQUÍ SERÁ EL GANADOR;
> QUIEN MATE AL DRAGÓN, HABRÁ GANADO EL ESCUDO.
>
> Y Ethelred levantó la maza y golpeó la cabeza del dragón, que cayó ante él con su aliento apestoso y con un rugido tan terrible, tan rudo y tan agudo a la vez, que Ethelred tuvo que taparse los oídos con sus manos, para protegerse contra aquel ruido tan horrendo, como nunca había oído ninguno.»

Hice aquí una nueva pausa y esta vez con un sentimiento de

violenta sorpresa, porque no cabía dudar de que yo hubiese oído (en qué dirección me era imposible adivinarlo) un son debilitado y como lejano, pero áspero, prolongado, singularmente agudo y rechinante, la exacta contrapartida del grito sobrenatural del dragón descrito por el novelista y tal como mi imaginación ya se lo había figurado.

Cautivado, evidentemente, en el momento de esa segunda y muy extraordinaria coincidencia, por mil sensaciones contradictorias, entre las cuales dominaban una sorpresa y un terror extremos, conservé, no obstante, bastante presencia de ánimo para evitar el excitar con una observación cualquiera la sensibilidad nerviosa de mi camarada. Yo no estaba bien seguro de que hubiese notado los ruidos en cuestión, aunque, ciertamente, una extraña alteración se hubiese manifestado en él durante los últimos minutos.

De su posición primitiva, frente a mí, había vuelto poco a poco su butaca de manera que se encontró sentado con la cara hacia la puerta de la habitación; así que yo no podía ver sus rasgos en conjunto, aunque me diese cuenta de que sus labios temblaban como si murmurasen algo incomprensible. Su cabeza habíase inclinado sobre su pecho; no obstante, yo sabía que no se había dormido; el ojo que entreveía de perfil estaba abierto y fijo. Por otra parte, el movimiento de su cuerpo contradecía también esa idea, porque se balanceaba de un lado a otro con un movimiento muy suave, pero constante y uniforme.

Observé rápidamente todo eso y volví a la narración de sir Lancelot:

> «Y entonces el gran campeón, habiendo escapado a la terrible furia del dragón, acordándose del escudo de bronce, y de que su encanto estaba roto, apartó el cadáver de su camino y avanzó valientemente por el suelo de plata del castillo, hacia el lugar donde pendía el escudo, el cual no esperó a que estuviera cerca, sino que cayó a sus pies sobre el pavimento de plata con un potente y terrible ruido.»

Apenas estas últimas palabras habían salido de mis labios cuando —como si un escudo de bronce hubiese caído pesadamente, en aquel mismo momento, sobre un suelo de plata— oí el eco claro, profundo, metálico, retumbante, pero como apagado—. Estaba completamente enervado; saltaba sobre mis pies; pero Usher no había interrumpido su balanceo regular. Me precipité hacia la butaca donde seguía sentado. Sus ojos miraban ante él y su fisonomía toda estaba tendida con una rigidez de piedra. Pero, cuando puse la mano sobre su hombro, un violento estremecimiento recorrió todo su ser, una sonrisa malsana tembló en sus labios, y oí que hablaba bajo, muy bajo —un murmullo precipitado e inarticulado— como si no tuviese conciencia de mi presencia. Me incliné totalmente contra él, y, por fin, devoré la horrible significación de sus palabras:

—¿No lo oye?... Yo, yo oigo, y he oído durante mucho tiempo, muchos minutos, muchas horas, muchos días, he oído, pero no me atrevía. ¡Oh, piedad para mí, miserable desventurado! ¡No me atrevía! ¡No me atrevía a hablar! ¡La pusimos viva en el ataúd! ¿No le había dicho que mis sentidos eran muy finos? Yo le digo ahora que he oído sus débiles movimientos en el fondo del ataúd. Los he oído, hace muchos días, muchos días, pero no me atrevía, ¡no me atrevía a hablar! Y ahora, esta noche, Ethelred... ¡La puerta de la ermita hundida, y el estertor del dragón, y el retumbo del escudo! ¡Diga mejor la rotura de su féretro, y el chirriar de los goznes de hierro de su cárcel, y su horrible lucha en el vestíbulo de cobre! ¡Oh, adónde huir! ¿No estará aquí pronto? ¿No llega para reprocharme la precipitación? ¿No he oído acaso su paso por la escalera? ¿Es que no oigo el horrible y pesado latir de su corazón? ¡Insensato!

Entonces se irguió furiosamente y aulló sílabas, como si rindiera su alma en aquel esfuerzo supremo:

—¡Insensato! ¡Le digo que ahora ella está tras la puerta!

En ese mismo instante, como si la energía sobrehumana de su palabra hubiese adquirido la omnipotencia de un encanto, los vastos y antiguos tableros que designaba Usher entreabrieron sus pesadas mandíbulas de ébano. Era el efecto de una furiosa ráfaga; pero detrás de esa puerta estaba entonces la alta figura de lady Madeleine Usher, envuelta en su sudario. Había sangre en su túnica blanca, y toda su persona adelgazada llevaba huellas evidentes de horrible lucha. Durante un momento, permaneció temblando y vacilante en el umbral; luego, con un grito plañidero y profundo, cayó pesadamente de bruces sobre su hermano y en su violenta y definitiva agonía le arrastró al suelo, cadáver ahora y víctima de sus terrores anticipados.

Me fui de aquella habitación y de aquella casa conmovido por el horror. La tempestad seguía en toda su furia cuando franqueé la verja.

De golpe, una luz extraña se proyectó sobre el camino, y me volví para ver de dónde podía brotar un destello tan singular, porque yo no tenía tras de mí sino el vasto castillo con todas sus sombras. La irradiación procedía de la luna llena que se tornaba roja de sangre, y brillaba vivamente a través de aquella grieta apenas visible antes, que, como decía, recorría en zigzag el edificio desde el tejado hasta la base. Mientras yo miraba aquella rendija se ensanchó rápidamente; volvió a soplar el viento, en un torbellino furioso; el disco entero del planeta explotó de un golpe a mi vista. Perdí la cabeza cuando vi que las grandes murallas se desplomaban. Se produjo un ruido prolongado, un estrépito tumultuoso como mil cataratas, y el estanque profundo y encharcado situado a mis pies se cerró, triste y pesadamente, sobre las negras ruinas de la *Casa Usher.*

Tú eres quien me ha matado

Me presento como Edipo de Rattleborough. Voy a exponer, como sólo yo puedo hacerlo, el secreto de la maquinaria que realizó el milagro de Rattleborough —el milagro único, verídico, admitido e incontestable—, que terminó, definitivamente, con la infidelidad de los Rattleburgueses, y convirtió a la ortodoxia propia de las buenas mujeres a los materialistas que antes se habían dejado arrastrar por el escepticismo.

Ese acontecimiento ocurrió en el verano de 18...

Don Barnabás Shuttleworthy, uno de los ciudadanos más ricos y más respetables del lugar, había desaparecido desde hacía días en circunstancias extrañas. El señor Shuttleworthy había salido de Rattleborough muy temprano, un sábado por la mañana, a caballo, con la intención de ir al pueblo de X, distante unas quince millas, y de volver la tarde misma. Pero, dos horas después de su partida, su caballo volvió sin él y sin las alforjas que habían sido atadas a la silla en el momento de la partida. Además, el animal estaba herido y lleno de barro. Naturalmente, esas circunstancias alarmaron mucho a los amigos del ausente, y cuando, el domingo por la mañana, se comprobó que aún no había vuelto, el pueblo entero se preparó para ir en busca de su cuerpo.

El primero y el más enérgico en llevar adelante la busca fue el amigo del Sr. Shuttleworthy —un tal Carlos Goodfellow, o, como se le llamaba siempre, «Charly Goodfellow», o «ese Charly Goodfellow»[1].

¿Era una coincidencia? ¿Acaso el nombre en sí tiene un efecto misterioso sobre el carácter? No he podido comprobarlo jamás; pero el hecho es incontestable: no hubo nunca un individuo llamado Carlos que no fuese abierto, viril, honrado, de carácter cordial y de corazón franco, dotado de una voz suave, agradable de oír, de unos ojos que os miran siempre de frente, como para decir: «Mi conciencia está limpia; no temo a ningún hombre, y estoy situado demasiado arriba para cometer jamás una acción despreciable.» Y es por eso por lo que todos los cordiales y apáticos héroes de teatro están perfectamente seguros de llevar el nombre de Carlos.

El «bravo Charly Goodfellow», aunque no vivía en Rattleborough sino desde hacía seis meses o cosa así, y aunque no se supiese de él nada anterior a la época en que vino a instalarse en las cercanías del pueblo, no había tenido la menor dificultad en entablar relaciones con todas las personas respetables de la localidad. No había nadie que no estuviese dispuesto a prestarle inmediatamente cien dólares con sólo la garantía de su palabra; en cuanto a las mujeres, es imposible decir lo que ellas hubiesen hecho por agradarle. Y todo ello era debido a que se llamaba Carlos y poseía, por consiguiente, el físico que el refrán declara como «la mejor carta de recomendación».

Se ha dicho que el señor Shuttleworthy era uno de los hombres más respetables de Rattleborough; era, ciertamente, el hombre más rico, y «ese bravo Charly Goodfellow» vivía con él en el mismo grado de intimidad que si hubiese sido su propio hermano. Ambos amigos eran vecinos. Y aunque el Sr. Shuttleworthy fuese raramente a visitar a «ese bravo Charly», si acaso llegó a visitarle alguna vez, y jamás, que se supiera, comió nunca en su casa, ambos amigos no eran menos íntimos en extremo, como acabo de decir; porque «ese bravo Charly» no dejaba pasar día sin entrar varias veces a ver cómo iban las

1. *Goodfellow* = buen muchacho.

cosas en casa de su vecino, y muy a menudo se quedaba a comer o a tomar el té, como también a cenar. Y entonces, la cantidad de vino que engullían en una sesión ambos amigos hubiese sido verdaderamente difícil de soportar.

La bebida favorita del «bravo Charly» era el *Château Margaux*, y el Sr. Shuttleworthy parecía regocijarse cordialmente al ver al viejo amigo tomarlo, como lo hacía, por botellas dobles. Tanto, que un día, manando el vino y estando el espítiru, como consecuencia natural, algo anegado, le dijo a su compadre, dándole una palmada en el hombro:

—Escucha, viejo Charly: tú eres el tipo más alegre que he encontrado en mi vida. Y puesto que te gusta echarte al coleto el vino de ese modo, que me aspen si no te regalo una gran caja de *Château-Margaux*.

(El Sr. Shuttleworthy tenía la deplorable costumbre de jurar, pero raramente iba más lejos del que «el cusco me casque» o «por Don sanes» o «maldito sea el muñeco».)

—El cusco me casque —dijo— si no encargo esta tarde, en el pueblo, una doble caja del mejor que haya; y te la regalaré, ¡perfectamente! ¡Ni una palabra más, hombre! ¡La caja llegará cuando menos la esperes!

Menciono ese pequeño rasgo de liberalidad del señor Shuttleworthy justo para mostrar la muy íntima amistad existente entre los dos hombres.

El domingo por la mañana en cuestión, así que se hubo admitido que el señor Shuttleworthy había sido víctima de alguna agresión, no había hombre tan profundamente afectado como «ese bravo Charly Goodfellow». Cuando supo que el caballo había vuelto sin su dueño y sin las alforjas, y sangriento de un pistoletazo que había atravesado el pecho del pobre animal sin matarlo; cuando oyó todo eso, palideció tanto como si el desaparecido hubiese sido su propio padre; todo su ser tembló y se estremeció como en un acceso de fiebre.

Al principio, se encontró demasiado agobiado por la tristeza para poder hacer algo, o para formar un plan de acción; tanto, que, durante mucho rato, se esforzó por impedir a los otros amigos del señor Shuttleworthy que se entregaran a investigaciones, estimando preferible el esperar un poco —por ejemplo, una semana o dos, un mes o dos—, para ver si no sucedía nada, o si el señor Shuttleworthy aparecía de una manera natural, explicando por qué razones se había hecho preceder por el caballo.

Ya habréis observado esa inclinación a diferir, a dejar para mañana, que tiene la gente afligida por una tristeza punzante en extremo. Sus capacidades de pensamiento parecen aletargadas; tanto, que sienten horror por todo lo que podría ser acción, y nada les gusta tanto como el quedarse tendidos en su cama, «empollando el dolor», como dicen las damas viejas; es decir, rumiando sus zozobras.

Los moradores de Rattleborough tenían una opinión tan alta de la sabiduría y del discernimiento de «ese bravo Charly» que la mayoría de ellos estaban dispuestos a pensar como él, y a no crear agitación alrededor del asunto hasta «ver si no pasaba nada», como decía textualmente el viejo Charly. Y yo creo que, en definitiva, hubiese sido el partido adoptado por todos sin la intervención singular del sobrino del señor Shuttleworthy, un joven de costumbres disipadas y de reputación algo dudosa.

Pennifeather, que así se llamaba, no quiso jamás oír razones en el tema de lo de «estarse quietos», sino que insistió para que se buscara, sin retraso, «el cadáver de un hombre asesinado». Esa fue la expresión que empleó, y el señor Goodfellow hizo entonces la observación de que ésa era «una expresión singular, por no decir otra cosa». Y esa observación del «bravo Charly», también, hizo impresión en la multitud; una voz preguntó, muy solemnemente, «cómo era que el joven señor Pennifeather tuviese de todas las circunstancias relativas a la desaparición de su rico tío un conocimiento tan íntimo para sentirse con el derecho de afirmar, netamente y sin equívocos, que su tío era ya "un hombre asesinado"».

Acerca de eso hubo entre los asistentes algunos altercados —sobre todo entre «ese bravo Charly» y el señor Pennifeather—. Esta última ocurrencia, de hecho, no era nueva, porque desde hacía tres o cuatro meses ambos personajes no se veían con buenos ojos. Las cosas habían llegado hasta el punto de que el señor Pennifeather había abatido de un puñetazo al amigo de su tío, con el pretexto de que éste se había permitido no sé qué exceso en casa de su tío, donde el sobrino vivía. Se cuenta que, en aquella ocasión, la conducta de «ese bravo Charly» fue un ejemplo de contención y de caridad cristiana.

Se levantó, cepilló su traje, y no intentó represalia alguna, limitándose a refunfuñar algunas palabras relativas a «una venganza en la primera ocasión que se presentara; una ebullición de cólera justificable, que no significaba nada por otra parte y que fue, sin duda alguna, pronto olvidada.

Las gentes de Rattleborough, persuadidas principalmente por el señor Pennifeather, acabaron por decidir el dispersarse por la comarca cercana para buscar al desaparecido. Quiero decir, que tomaron esa decisión desde el primer momento. Luego que fue decidido que se precisaba hacer pesquisas, se consideró muy natural que los buscadores se dispersaran —es decir, se distribuyeran en pequeños grupos— para escudriñar a fondo todos los alrededores.

No recuerdo por qué razonamientos «ese bravo Charly» acabó por convencer a la gente de que ese plan era el menos juicioso que podía adoptarse; los convenció a todos, excepto al señor Pennifeather. Y, finalmente, se acordó que una búsqueda minuciosa y profunda se efectuaría por todos los habitantes en masa, bajo la dirección de «ese bravo Charly» mismo. Y en esa materia no se hubiera podido encontrar mejor cazador que el «bravo Charly», que todos sabían estaba dotado con unos ojos de lince.

Pero, aunque les condujo hacia toda clase de rincones y apartados recovecos, por caminos cuya existencia en esas cercanías nadie había sospechado jamás, y aunque se continuó buscando día y noche durante casi una semana, no se descubrió ni una huella del señor Shuttleworthy. Cuando digo «ni una huella», ha de entenderse que no hablo literalmente; porque huellas, en cierto modo, seguramente las había. Las huellas del pobre hombre fueron notadas gracias a las herraduras de su caballo (que eran particulares) hasta un lugar situado a unas tres millas del pueblo, al este, en la carretera que conduce al lugar. Aquí las huellas seguían un camino desviado que atravesaba un terreno cubierto de árboles y volvía otra vez a la carretera, ofreciendo un atajo de cerca de una milla. La gente, siguiendo los pasos del caballo, llegó, por fin, a una charca de agua estancada medio oculta por las zarzas, a la derecha del camino, y al otro lado de la charca ya no se encontró vestigio alguno.

Parecía, de todos modos, que en aquel lugar había habido alguna lucha; y se hubiese dicho que un cuerpo voluminoso y pesado, mucho más voluminoso y más pesado que el de un hombre, había sido arrastrado desde el camino hasta la charca. Ésta fue dragada dos veces con gran cuidado, pero no se encontró nada en ella.

El grupo estaba a punto de marcharse, desesperando de llegar a un resultado, cuando la Providencia sugirió al señor Goodfellow que no estaría mal vaciar la charca enteramente. La idea fue acogida con hurras y cálidas felicitaciones a «ese bravo Charly» por su sagacidad y su prudencia. Como muchos de los campesinos habían traído palas, pensando que acaso tuvieran que desenterrar a un cadáver, se vació la charca rápidamente. Y, en cuanto el fondo se hizo visible, se divisó, en medio del lodo, un chaleco de seda negra, que casi todos los asistentes reconocieron como perteneciente al señor Pennifeather. Ese chaleco estaba roto y manchado de sangre; hubo en el grupo muchas personas que se acordaron claramente de haber visto al señor Pennifeather llevarlo justo por la mañana de la partida del señor Suttleworthy para la ciudad. Y, por otra parte, otros hubo que se manifestaron dispuestos a declarar, bajo juramento si era preciso, que el señor P. no había llevado la prenda de ropa en cuestión en ningún momento ulterior a aquel día; y no hubo nadie que dijera haber visto al señor P. llevarla jamás después de la desaparición del señor Shuttleworthy.

Desde entonces, la situación pareció grave para el señor Pennifeather. Y —lo cual confirmaba las sospechas— se notó que éste se puso muy pálido y no supo articular ni una palabra cuando se le preguntó lo que tenía que decir para su justificación.

Después de eso, los pocos amigos que su manera disoluta de vivir le había dejado lo abandonaron como un solo hombre, gritaron más fuerte quizá que sus antiguos enemigos y reconocieron que era necesario detenerle. Pero, por otra parte, la magnanimidad del señor Goodfellow se impuso. Pronunció una defensa calurosa y de magnífica elocuencia del señor Pennifeather, haciendo más de una vez alusión a la sinceridad con que él mismo perdonaba al joven libertino, «al heredero del digno señor Shuttelworthy», el insulto que él (el joven libertino), en el arrebato de furor sin duda, le había infligido a él (Goodfellow). «Lo perdonaba», dijo, «desde el mismo fondo de su corazón, y en cuanto a él (Goodfellow), lejos de llevar hasta el extremo las circunstancias sospechosas que, sentía tener que decirlo, se habían ciertamente erguido contra el señor Pennifeather, él (Goodfellow), haría todos los esfuerzos que podría, emplearía toda la escasa elocuencia que le había tocado en suerte para atenuar, tanto como su conciencia se lo permitiera, los puntos más desfavorables de esa desconcertante historia.»

Goodfellow continuó en ese tono durante media hora todavía para el mayor crédito de sus palabras y de su corazón; pero esos hombres de corazón cálido raramente hacen sus observaciones con oportunidad —se extravían en toda clase de errores y de contratiempos, por puro exceso de fuga y de celo en servir a un amigo— haciendo, al obrar así, a menudo con las intenciones más bondadosas del mundo, infinitamente más para comprometer su causa que para favorecerla.

Tal fue, en este caso, el efecto de toda la elocuencia de «ese bravo Charly». Porque, aunque él se esforzó con convicción a favor de aquél de quien se sospechaba, había, de un modo u otro, hecho de manera que cada una de las sílabas por él pronunciadas, cuando no tendía directamente, aunque sin premeditación, a realzar al orador en la buena opinión de su auditorio, obtenía el resultado de acrecentar las sospechas que ya había contra el individuo cuya causa defendía, y el de excitar contra él el furor del populacho. Uno de los más inexplicables errores cometidos por el señor Goodfellow fue su alusión al sospechoso como «heredero del digno anciano señor Suttleworthy». En verdad, la gente nunca había pensado antes en eso. No se habían acordado sino de las amenazas de desheredarle que había hecho, uno o dos años antes, el tío a su sobrino, único pariente que le quedaba. Y habían, en consecuencia, considerado siempre el asunto como liquidado, y al sobrino como desheredado; tan sencillos eran y tan poco inclinados estaban a intrigarse. Pero la observación hecha por «ese bravo Charly» les dio en seguida qué pensar, y les mostró que era posible que aquellas amenazas hubieran quedado en el estado de amenazas. Y entonces, surgió la pregunta *cui bono?* una pregunta que, más que el chaleco, tendía a incriminar sin remisión al joven.

Y aquí, por miedo de que no se entienda bien, pido que se me permita hacer una breve disgresión, con el solo fin de hacer observar que la muy corta y muy simple frase latina que acabo de emplear siempre es mal entendida y mal traducida. «*Cui bono*?» en todas las novelas favoritas y hasta en otras partes —por ejemplo, en las de la señora Gore (la autora de *Cecil*), dama que cita todas las lenguas desde el hebreo hasta el chickesaua, y recibe para su instrucción, cosa indispensable, la ayuda sistemática del señor Beckford— en todas las novelas favoritas, digo, desde las de Bulwer y de Dickens hasta las de Turnapenny y Ainsworth, las dos palabritas latinas *cui bono?* son traducidas por «¿con qué objeto?» o (como si se tratase de *quo bono*), «¿con qué ventaja?», «¿a qué bueno?». Pero el verdadero sentido es «a beneficio de quién»: *Cui*, de quién; *bono*, a beneficio. Es una frase de puro derecho, y aplicable precisamente a los casos como el que hemos de considerar, en los que las probabilidades relativas al autor de una acto dependen de la probabilidad del beneficio que tal individuo o tal otro obtienen del hecho de que el acto se realice.

Ahora bien, en la presente instancia, la pregunta *cui bono?* implicaba netamente al señor Pennifeather. Su tío, después de haber testado a su favor, le habían amenazado con desheredarle. Pero la amenaza, de hecho, no se había llevado a cabo; el testamento original, al parecer, no se había modificado. Hubiese sido modificado, y por el sólo motivo admisible del asesinato, se hubiese podido encontrar el de una venganza, el ordinario; y además, tal deseo hubiese sido contrabalanceado por la esperanza de reconquistar las buenas gracias del tío. Pero el testamento había quedado tal cual, mientras que la amenaza de modificarlo quedaba suspendida sobre la cabeza del sobrino, y los más potentes motivos de cometer la fechoría se presentaban de un golpe; y fue, en ese sentido, como concluyeron con sagacidad infinita los dignos ciudadanos del burgo de Rattle.

El señor Pennifeather fue detenido inmediatamente. Y la multitud, después de algunas búsquedas complementarias, volvió al pueblo escoltando al cautivo.

Por el camino, otra circunstancia vino a confirmar, al parecer, las sospechas. Se vio al señor Goodfellow, cuyo celo arrastraba siempre a preceder algo al grupo, correr súbitamente hacia adelante, agacharse y recoger no se sabe qué objeto pequeño oculto en la hierba. Se vio también que, habiendo sometido aquel objeto a un examen rápido, hizo en cierto modo una tentativa a medias de deslizarlo en el bolsillo de su gabán. Pero ese movimiento, como digo, fue notado y, por lo mismo, suspendido: y el objeto resultó ser una navaja que una docena de personas reconocieron como perteneciente al señor Pennifeather. Además, sus iniciales estaban grabadas en el mango. La hoja de esa navaja estaba abierta y ensangrentada.

No había dudas acerca de la culpabilidad del sobrino; y en cuanto hubieron llegado a Rattleborough, se le condujo ante un juez, para que éste lo sometiera a un interrogatorio.

Allí, las cosas tomaron un sesgo desfavorable. El prisionero, cuando se le preguntó dónde estaba la mañana de la desaparición del señor Shuttleworthy, tuvo la audacia de reconocer que aquella mañana se había ido con su carabina a ver si cazaba a un ciervo por las cercanías de la charca en la que la sagacidad del señor Goodfellow había hallado el chaleco ensangrentado.

Entonces, el señor Goodfellow se presentó, con lágrimas en los ojos, y pidió permiso para ser interrogado. Dijo que el inflexible sentimiento de su deber ante el Creador no menos que antes sus semejantes no le permitía guardar más el silencio. Hasta entonces, la más sincera de las afecciones por el joven (a pesar de la manera cómo éste le había recientemente maltratado, a él, Goodfellow) le había inducido a amontonar todas las hipótesis que podía sugerir su imaginación para tratar de justificar lo que, en las circunstancias tan gravemente desfavorables para el señor Pennifeather, parecía sospechoso; pero esas circunstancias, en la hora actual, eran en verdad demasiado convincentes; demasiado abrumadoras: no vacilaría más, diría todo lo que sabía, aunque su corazón (el del señor Goodfellow) tuviese que explotar con el esfuerzo. Y prosiguió, declarando que la tarde del día precedente al de la partida para la ciudad del señor Shuttleworthy, este digno anciano había dicho a su sobrino, en presencia de él (de Goodfellow) que la razón de su viaje del día siguiente, era la de efectuar el depósito de una suma de dinero particularmente importante en el «Banco de Ganaderos y Granjeros», y sin parar, el citado señor Shuttleworthy había comunicado expresamente a su sobrino su determinación irrevocable de anular su testamento original y no legarle nada. El testigo invitó al acusado a que declarara si lo que él (el testigo) acababa de decir era o no la verdad con todos sus detalles importantes.

Con gran sorpresa para todos los asistentes, el señor Pennifeather admitió la total veracidad del testimonio.

El juez creyó entonces deber suyo el enviar dos agentes de policía a que registraran la habitación que ocupaba el acusado en la casa de su tío. De este registro volvieron casi enseguida, trayendo la cartera, bien conocida, de cuero marrón con guarniciones de acero, que desde hacía años el anciano tenía costumbre de llevar. Pero el precioso contenido había sido retirado, y en vano el juez trató de arrancar al prisionero la confesión del uso que de ello había hecho o bien del lugar en que lo había escondido.

El acusado negó, con gran obstinación, el saber nada de este asunto.

Los agentes descubrieron además entre la cama y el colchón del desgraciado personaje, una camisa y un pañuelo de cuello, ambos con sus iniciales y también manchados con sangre de la víctima.

También se supo que el caballo acababa de expirar, en la cuadra, de resultas de las heridas que había recibido; y el señor Goodfellow propuso que sin tardar se hiciera la autopsia de la bestia para encontrar, si era posible, la bala que le había matado. Su proposición fue atendida. Y como para demostrar sin duda la culpabilidad del acusado, el señor Goodfellow, después de haber explorado minuciosamente la cavidad del pecho, logró descubrir y extraer una bala de dimensiones poco corrientes que, probándola, resultó encajar exactamente con el calibre de la carabina del señor Pennifeather, y ser demasiado voluminosa para el arma de cualquier otro habitante del pueblo o de las cercanías. Como para dar una seguridad más cierta aún, se observó que la bala tenía una raya, una muesca en ángulo recto que era la marca habitual dejada por el molde; y el examen reveló que aquella muesca correspondía precisamente a un pequeño saliente accidental que ofrecían un par de moldes que el acusado mismo reconoció que le pertenecían.

Tras el descubrimiento de la bala, el magistrado instructor se negó a oír a ningún otro testigo, envió al detenido ante sus jueces, y no quiso en absoluto oír hablar de libertad bajo fianza, aunque, contra esta última severidad, el señor Goodfellow protestara con vehemencia y ofreciera entregar cualquier caución exigida por el magistrado. Esta generosidad del «bravo Charly» estaba en perfecta armonía con la invariable cordialidad y la magnanimidad no menos invariable de su conducta durante todo el período de su estancia en el pueblo de Rattle. En la ocurrencia, el digno hombre estaba tan absolutamente arrastrado por el excesivo ardor de su simpatía, que parecía haber olvidado del todo, en el momento en que se ofrecía a dar fianza a favor de su joven amigo, que él (Goodfellow) no poseía ni un sólo dólar de bienes en la superficie de la tierra.

La razón por la cual se procesaba al señor Pennifeather puede imaginarse sin esfuerzo. El señor Pennifeather, entre las ruidosas execraciones de todo Rattleborough, fue juzgado en la sesión siguiente del tribunal; y la cadena de pruebas de circunstancias (fortalecida por un suplemento de hechos abrumadores que la conciencia demasiado sensible del señor Goodfellow le impedía callar ante el tribunal) fue considerada como tan sólida y tan comprometedora que el jurado, sin retirarse de su tribuna, pronunció inmediatamente el veredicto de culpabilidad de «asesinato sin atenuantes». Acto seguido, el desgraciado oyó su sentencia de muerte y fue conducido a la prisión del departamento para esperar allí la inexorable venganza de la ley.

Durante ese tiempo, la noble actitud de «ese bravo Charly» había hecho que los honrados ciudadanos del burgo le quisieran doblemente. Fue diez veces más popular que nunca; y resultado natural de la hospitalidad que se le concedía, él renunció, por la fuerza de las cosas, al parecer, a las habituales de extrema parquedad que su pobreza le había obligado a adoptar hasta entonces. Con frecuencia, organizó en su propia casa pequeñas reuniones en las que reinaban plenamente el ingenio y el buen humor, un poco atenuadas en la ocasión, naturalmente, por el recuerdo de la suerte desastrosa y melancólica reservada al sobrino del difunto y muy llorado amigo íntimo del generoso huésped.

Un día, el viejo camarada del desaparecido tuvo la sorpresa de recibir esta carta:

Señor Charles Goodfellow:

Señor: De acuerdo con una orden que se nos ha transmitido ,hará unos dos meses, por nuestro estimado corresponsal don B. Shuttleworthy, tenemos el placer de expedir esta mañana, a su dirección, una doble caja de «Château-Margaux», marca antílope, etiqueta violeta. Caja numerada y marcada, como se indica más abajo.

Le saludamos atentamente,

Hogs, Frogs, Bogn Cía.

21 junio 18...

P.D. — La caja de referencia le llegará por coche, el día siguiente al del recibo de esta carta. Nuestros saludos al señor Shuttleworthy.

H. F. B. y Cía.

Señor Charles Goodfellow, en Rattleborough.

Envío de H. F. B. y Cía. Chât.-Mar. A. N.º 1. cont. 72 botellas.

En realidad, el señor Goodfellow, desde la muerte del señor Shuttleworthy, había abandonado toda esperanza de recibir jamás el «Château-Margaux» prometido; y por esta razón, consideró su envío en aquel momento como un favor de la Providencia para con él. No hay que decir que se alegró de ello en extremo; en la exuberancia de su regocijo, invitó a un numeroso grupo de amigos a una pequeña cena para el día siguiente, con el objeto de habérselas con el regalo del señor Shuttleworthy.

No es que al formular las invitaciones hubiese dicho nada del «buen compadre señor Shuttleworthy». De hecho, meditó mucho, y decidió no decir absolutamente nada. No mencionó a nadie —si recuerdo bien— que había recibido un regalo de «Château-Margaux». Se limitó a rogar a sus amigos que fueran a ayudarle a beber uno notable por la calidad y la riqueza de su aroma, que había encargado hacía unos dos meses y que tenía que llegarle al día siguiente.

Muchas veces me he intrigado buscando por qué diablos «el bravo Charly» había decidido no decir que era de su viejo amigo de quien había recibido el vino. Pero no pude jamás concebir la razón de su silencio, aunque, sin ninguna duda, hubo de tener razones excelentes y de las más magnánimas.

Por fin, llegó el día siguiente y un grupo tan numeroso como respetable se reunió en casa del señor Goodfellow. Positivamente, había allí una buena parte del pueblo —entre la cual yo figuraba—; pero, para gran vejación del huésped, el «Château-Margaux» no llegó sino muy tarde y después que los invitados hubieron tomado la cena ofrecida por «ese bravo Charly». Pero acabó por llegar —era una caja formidable— y como la asamblea entera estaba del mejor humor del mundo, se decidió, por unanimidad de votos el izarla sobre la mesa y reventarla de inmediato.

Dicho y hecho. Yo ayudé en la tarea; y en un abrir y cerrar de ojos, he aquí la caja encima de la mesa, entre las botellas y las copas, de las cuales más de una se rompió con el bullicio. «Ese bravo Charly», que estaba medianamente borracho y con la cara muy encarnada, se sentó, con un aire de dignidad cómica, en el sitio de honor, y golpeó furiosamente la mesa con un jarro de acero ordenando a los invitados que se mantuvieran debidamente «durante la ceremonia de la exhumación del tesoro».

Después de algunos gritos la calma se restableció completamente; y, como sucede con frecuencia en circunstancias similares, se produjo un profundo silencio.

Instado a que hiciera saltar la tapa, obedecí, naturalmente, «con mucho gusto». Inserté un formón y le apliqué unos ligeros martillazos: la tapa de la caja saltó súbitamente con violencia, y en el mismo instante apareció, en posición sentada, de cara al huésped, el cuerpo magullado, sangriento y casi putrefacto del señor Suttleworthy, el asesinado, él mismo. Durante algunos instantes, la mirada fija, dolorosa de unos ojos fríos y descompuestos se clavó en la del señor Goodfellow; pronunció suavemente, pero con una solemne nitidez, estas palabras: «¡Eres tú quien me ha matado!», y luego, cayendo fuera de la caja como definitivamente satisfecho, extendió sobre la mesa sus miembros en un último estertor.

No sé describir la escena que se produjo. Frenéticamente, se arrojaron todos hacia la puerta y muchos de los hombres más robustos que allí había se desmayaron de puro horror. Pero después de la primera explosión de pánico salvaje y chillón, todas las miradas se fijaron en el señor Goodfellow.

Viviría mil años y no podría olvidar el pavor más que mortal pintado en aquel rostro descolorido que un instante antes era rubicundo de triunfo y de vino. Muchos minutos permaneció sentado, rígido como una estatua de mármol: sus ojos, por la vacía intensidad de su mirada, parecían interiormente dirigidos y ensimismados en la contemplación de su propia alma de miserable asesino. Finalmente, su expresión pareció cambiar de pronto y volver al mundo exterior; de un salto súbito se incorporó, dejó caer pesadamente sobre la mesa su cabeza y sus hombros, y, tocando el cadáver, dejó escapar, con vehemencia, la confesión detallada de su abominable crimen, por el cual el señor Pennifeather había sido encarcelado y condenado a muerte.

He aquí, en resumen, lo que ocurrió:

Siguió a su víctima hasta las cercanías de la charca, disparó al caballo, mató al jinete a culatazos; se apoderó de la cartera; y creyendo que la bestia había muerto, la arrastró con grandes esfuerzos hasta debajo de las zarzas del borde de la charca. En su propia montura cargó el cuerpo del señor Shuttleworthy, y así le llevó hasta un escondrijo seguro y muy lejano dentro del bosque. El chaleco, el cuchillo, la cartera y la bala, él mismo los había dispuesto donde fueron encontrados para vengarse del señor Pennifeather. Él también había preparado el descubrimiento del pañuelo y de la camisa manchados.

Al final de esa narración, la voz del miserable criminal desfalleció y se hizo más profunda. Cuando hubo terminado de hablar, se levantó, retrocedió algunos pasos dando traspiés y cayó muerto.

* * *

Los métodos con que esa oportuna confesión le fue arrancada, aunque eficaces, fueron de lo más sencillo. El exceso de franqueza del señor Goodfellow me había repugnado y de pronto se excitaron mis sospechas. Yo estaba presente cuando el señor Pennifeather le pegó, y la demoníaca expresión de su cara en aquel momento, me convenció de que sus amenazas se cumplirían, a ser posible, hasta el final.

Estaba yo así preparado a considerar las maniobras de «ese bravo Charly» bajo un aspecto diferente del que aceptaron los buenos ciudadanos de Rattleborough. Vi en un instante que todos los descubrimientos acusadores provenían directa o indirectamente de él mismo. Pero lo que me abrió del todo los ojos fue la historia de la bala encontrada por el señor G. en el cadáver del caballo. Yo no había olvidado, como los rattleburgueses, que había un agujero, y otro por donde había salido. Si se había encontrado la bala en el animal, después de haberle atravesado de parte a parte, vi claramente que debía haber sido colocada allí por la persona misma que había hecho el descubrimiento. La camisa y el pañuelo con sangre confirmaron la idea que sugería la bala; porque, examinada, la sangre resultó ser un vino muy bueno de Burdeos y nada más. Cuando pensaba en todas esas cosas y el reciente acrecentamiento de las liberalidades y gastos del señor Goodfellow, mantuve sospechas que, aunque las disimulaba rigurosamente, no por eso eran menos fuertes.

Mientras, empecé con el mayor secreto la busca del cuerpo del señor Shuttleworthy; y, por lógicas razones, busqué en los lugares más opuestos a aquellos donde el señor Goodfellow había conducido su grupo. El resultado fue que al cabo de pocos días di con un antiguo pozo seco, cuya abertura estaba casi enteramente disimulada bajo zarzas. Y allí, en el fondo, descubrí lo que buscaba.

Ahora bien, sucedía que yo había oído el coloquio de los dos amigos en el momento en que el señor Goodfellow llegó a arrancar a su huésped la promesa de una caja de «Château-Margaux». Esa indicación me sirvió de guía. Me procuré un pedazo rígido de ballena, lo introduje, por la garganta del cadáver, que coloqué en una vieja caja de botellas, cuidando de doblar el cuerpo de modo que doblara también la ballena que en él había introducido. Para ello, tuve que mantener vigorosamente la tapa en su lugar mientras que la sujetaba con clavos. Y, naturalmente, preví que así que estuviera desclavada, la tapadera saltaría lejos y el cadáver se incorporaría.

Una vez preparada así la caja, puse marca, números y dirección en la forma que he indicado. Luego, envié una carta con la firma de los bodegueros y proveedores del señor Shuttleworthy y ordené a mi criado llevar en una carretilla la caja hasta la puerta del señor Goodfellow, en el momento en que yo le daría la señal. En cuanto a las palabras que pronunció al cadáver, yo tenía plena confianza en mis reconocidas facultades de ventrílocuo; y en cuanto al efecto de esas palabras, contaba con la conciencia del miserable asesino.

Y así acaba esta historia. El señor Pennifeather fue puesto en libertad, heredó la fortuna de su tío, aprovechó las lecciones de la experiencia y, desde entonces, llevó una vida próspera y feliz.

El hombre de las multitudes

Alguien ha dicho de cierto libro alemán: *Es loesst sich nicht lesen* (no se deja leer). Hay secretos que no quieren ser dichos. Hay hombres que mueren de noche en la cama, retorciendo las manos ante los espectros que les toman confesión y les miran lamentablemente a los ojos; hay hombres que mueren con la desesperación en el corazón y convulsiones en la garganta a causa del horror de los misterios que no quieren ser revelados. A veces, ¡ay!, la conciencia humana soporta un fardo de horror tan pesado que sólo puede descargarse en la tumba. Y, por eso, la esencia del crimen queda sin explicar.

Hace poco, al final de una tarde otoñal, estaba sentado ante la gran ventana del café D. ..., en Londres. Durante algunos meses, había estado enfermo; pero, entonces, convalecía y, como las fuerzas me aumentaban, me encontraba en una de aquellas felices disposiciones que son precisamente lo contrario del aburrimiento; disposiciones en que la apetencia moral está maravillosamente afilada, cuando se ha arrancado la membrana que recubre la visión espiritual; cuando el espíritu electrizado sobrepasa tan prodigiosamente su potencia cotidiana que la razón ardiente y simple de Leibnitz, vence a la loca y blanda retórica de Georgias. Respirar era un placer, y sentía un goce positivo hasta en cosas más muy plausibles de pena. Todas las cosas me inspiraban un interés reposado, pero lleno de curiosidad. Un cigarro en la boca, un diario en las manos, me había divertido, la mayor parte de la tarde, ora en leer los anuncios, ora en observar la mezcolanza de gente del salón, ora en mirar a la calle a través de los cristales velados por el humo. Aquella calle es una de las principales vías de la ciudad y había estado llena de gente todo el día. Pero a la caída de la noche, la multitud se acrecentó minuto a minuto; y, cuando todas las farolas estuvieron encendidas, dos corrientes de público se deslizaban, densas y continuas, ante la puerta. Nunca me había sentido en una situación parecida a la que me encontraba en aquel momento particular de la tarde, y el tumultuoso océano de cabezas humanas me llenaba de una deliciosa evasión totalmente nueva. A la larga, no presté atención a las cosas que acontecían en el hotel, y me absorbí en la contemplación de la escena del exterior.

Mis observaciones tomaron al principio un giro abstracto y generalizador. Veía a los transeúntes por masas, y mi pensamiento no los consideraba sino en sus relaciones colectivas. Pronto, no obstante, descendí a los detalles y examiné con un interés minucioso las innumerables variedades de tipos, de trajes, de aires, de andares, de rostros y de expresiones fisionómicas.

La mayoría de quienes pasaban tenían un talante convencional y propio a los negocios, y no parecían ocupados sino en abrirse paso a través de la muchedumbre. Fruncían las cejas y movían los ojos vivamente; cuando se sentían empujados por algunos transeúntes vecinos, no mostraban ningún síntoma de impaciencia, pero se arreglaban la ropa y se apresuraban; otros, una clase también numerosa, tenían movimientos inquietos, con la sangre en el rostro, se hablaban a sí mismos y gesticulaban, como si se sintiesen solos por el hecho mismo de la multitud innumerable que les rodeaba. Cuando se veían detenidos en su marcha, esa gente cesaba, de golpe, de refunfuñar, pero redoblaban sus gesticulaciones, y esperaban, con una sonrisa distraída y exagerada, el paso de las personas, que les hacían de obstáculo. Si eran empujados, saludaban copiosamente a los empujadores, y parecían como abatidos por la confusión.

En esas dos clases de hombres, más allá de lo que acabo de anotar, no había nada característico. Sus vestidos pertenecían a aquel orden que queda perfectamente definido por el término: decentes. Eran, indudablemente, caballeros, comerciantes, fiscales, procuradores, agiotistas —los apátridas y lo más ordinario y vulgar de la sociedad—, hombres de ocio y hombres activamente implicados en asuntos personales que conducían bajo su propia responsabilidad. No excitaron en mí una gran atención.

La clase de los empleados saltaba a la vista y en ella distinguía dos divisiones notables. Había los pequeños empleados de las casas burguesas..., jóvenes caballeros ajustados en sus vestidos, con las botas relucientes, los cabellos engominados y el labio insolente. Poniendo de lado cierto no sé qué de despejado en las maneras, que podría definirse como hortera, el género de esos individuos me pareció una copia exacta de lo que había sido la perfección del buen tono de un año o año y medio antes. Usaban las gracias dejadas en saldo por las clases distinguidas; y eso, creo, implica la mejor definición de aquella clase.

Por lo que se refiere a la clase de los primeros empleados de las casas sólidas, o de los hombres de confianza, era imposible confundirse. Se les reconocía por sus levitas y pantalones negros o pardos, de un corte cómodo, en sus corbatas y en sus chalecos blancos; en sus anchos zapatos de sólida apariencia, con medias espesas o polainas. Tenían, todos, la cabeza ligeramente calva, y la oreja derecha, acostumbrada desde mucho tiempo a sostener la pluma, había contraído un tic singular de apartamiento.

Veía que se quitaban o se volvían a poner siempre el sombrero con ambas manos, y que llevaban relojes con cortas cadenas de oro, de un modelo grande y antiguo. Su afectación era la respetabilidad —si acaso puede existir una afectación tan honorable.

Había una gran cantidad de esos individuos de apariencia brillante que reconocí fácilmente como pertenecientes a la raza de los fulleros del hampa que infesta a todas las grandes ciudades. Estudié muy curiosamente esa especie de gente distinguida, y encontré difícil el comprender cómo podían ser tomados por caballeros por los caballeros mismos. La exageración de sus puños de camisa, con cierto aire de excesiva franqueza, tenía que hacerles traición al primer golpe de vista.

Los tahúres de profesión —y de ellos descubrí un gran número— eran aún reconocibles más fácilmente. Llevaban toda clase de trajes, desde el del perfecto chulo, jugador de cubiletes, con chaleco de terciopelo, corbata de fantasía, cadenas de cobre dorado y botones de filigrana, hasta el traje ascético, tan escrupulosamente simple que nada era menos indicado para despertar las sospechas. Todos, no obstante, se distinguían por su tez recocida y cetrina, por no sé qué oscurecimiento vaporoso de la mirada, por la compresión y palidez de los labios. Había, además, otros dos rasgos que hacían que les adivinara siempre: un tono bajo y reservado en la conversación, y una disposición más que ordinaria del pulgar a extenderse hasta formar ángulo recto con los demás dedos. Muy a menudo, en compañía de esos bribones, he observado a algunos hombres que diferían un poco por sus costumbres; no obstante, siempre eran pájaros del mismo plumaje. Se les puede definir: caballeros que viven de su industria. Se dividen para devorar al público en dos batallones: el género elegante y el género militar. En la primera clase, los caracteres principales son cabellos largos y sonrisas; en la segunda, largas levitas y fruncimiento de cejas.

Descendiendo en la escala de lo que se llama distinción, encontré temas de meditación más negros y más profundos. Vi a buhoneros judíos con ojos relucientes de halcón en fisonomías cuyo resto no era sino abyecta humildad; a atrevidos mendigos de profesión atropellando a pobres de mejor título a quienes sólo la desesperación había arrojado en las sombras de la noche para implorar la caridad; a inválidos débiles parecidos a espectros encima de los que la muerte había colocado una mano segura y que renqueaban y vacilaban a través de la multitud mirando a todo el mundo en la cara con ojos llenos de ruegos, como pidiendo algún consuelo fortuito, alguna esperanza perdida; a modestas jóvenes que volvían de un trabajo prolongado en un local sombrío y retrocedían más desconsoladas que indignadas ante las miradas furtivas de los insolentes cuyo contacto directo no podían evitar; a prostitutas de toda clase y de toda edad; la de incontestable belleza en las primicias de su femineidad, que hacía pensar en la estatua de Luciano cuya superficie era de mármol de Paros, y el interior relleno de basuras; la leprosa en harapos, asquerosa y absolutamente descarnecida; la vieja bruja, arrugada, pintada, cargada de joyas, haciendo un último esfuerzo para parecer joven; la niña de formas aún no maduras, pero ya adaptada por una cierta experiencia a las espantosas coqueterías de su comercio, y ardiendo en la devoradora ambición de ser situada al nivel de sus primogénitas en el vicio; a borrachos innumerables e indescriptibles, éstos desarrapados vacilantes, desarticulados con la cara magullada y la mirada fría; aquéllos con sus vestidos enteros pero sucios, una gallardía ligeramente vacilante, gruesos labios sensuales, rostros rubicundos y sinceros; otros, vestidos con paños que en pasados tiempos fueron buenos y que aún ahora eran cepillados escrupulosamente; a hombres que andaban con paso más firme y más elástico de lo natural, pero cuyas fisonomías eran terriblemente pálidas, los ojos atrozmente azorados y rojos, y que, yendo a grandes zancadas a través de la multitud, echaban la uña a todo cuanto se ponía al alcance de sus manos; y, luego, a pasteleros, bedeles, botones, deshollinadores; a organilleros, adiestradores de monos, vendedores de canciones, los que las vendían con los que las cantaban; a artesanos harapientos y a obreros de toda clase agotados por su trabajo. Y todos poseídos de una actividad ruidosa y desordenada, que afligía al oído con sus discordancias y producía en los ojos una sensación dolorosa.

En la medida que la noche se hacía más profunda, el interés de la escena se profundizaba también para mí; porque no solamente el carácter general de la multitud se alteraba (sus rasgos más notables se borraban con la retirada gradual de la parte más modosa de la población y los más groseros resaltaban más vigorosamente a medida que la hora, más avanzada, sacaba de sus cubiles a todas las especies de infamias), sino que, además, los rayos de luz de los faroles de gas, débiles cuando luchaban con el día moribundo, habían vencido y arrojaban sobre todas las cosas una claridad resplandeciente y agitada. Todo era negro pero brillante, como aquel ébano con el que se ha comparado el estilo de Tertuliano.

Los raros efectos de la luz me obligaron a examinar las caras de los individuos; y, aunque la rapidez con que aquel mundo de luz desfilaba ante la ventana me impedía el echar más de una ojeada a cada rostro, me parecía, de todos modos, que, gracias a mi singular disposición moral, podría con frecuencia leer en el breve instante de una mirada la historia de largos años.

Con la cara pegada al vidrio, estaba así ocupado examinando a la multitud, cuando súbitamente apareció una fisonomía (la de un viejo decrépito de sesenta y cinco a setenta años), una fisonomía que de golpe llamó y absorbió mi atención toda por la absoluta idiosincrasia de su expresión. Hasta entonces, no había visto nada que se le pareciera ni en un grado lejano. Recuerdo bien que mi primer pensamiento, al verle, fue que Retzch, si lo hubiese contemplado, lo habría preferido mucho más que las figuras en las cuales probó de encarnar al demonio. Como yo trataba, en mi primera mirada, de hacer algún análisis del sentimiento general que me producía, sentí que se elevaban confusa y paradójicamente en mi espíritu las ideas de vasta inteligencia, de circunspección, de tacañería, de codicia, de sangre fría, de maldad, de sed sanguinaria, de triunfo, de alegría, de excesivo terror, de intensa y suprema desesperación. Me sentí singularmente alertado, absorto, fascinado. ¡Qué extraña historia, me dije, está escrita en ese pecho...! Me vino entonces un deseo ardiente de no perder de vista al hombre, de saber cosas de él.

Me puse el abrigo, cogí mi sombrero y mi bastón, me lancé a la calle y me dirigí a través de la multitud en la dirección que le había visto tomar; porque ya había desaparecido.

Con cierta dificultad llegué, por fin, a descubrirle, me aproximé a él y le seguí muy de cerca, pero con grandes precauciones, cuidando de no llamar su atención.

Pude entonces estudiar cómodamente su persona. Era de pequeña talla, muy delgado y muy débil en apariencia. Su ropa se veía sucia y estaba rota; pero, como pasara de vez en cuando bajo el fuego brillante de un farol, me apercibí de que su ropa blanca, aunque sucia, era de buena calidad; y, si mis ojos no me engañaron, a través de un desgarro de su abrigo, con toda evidencia comprado de lance, en el que iba cuidadosamente arropado, entreví el brillo de un diamante y de un puñal. Esas observaciones sobreexcitaron mi curiosidad y me decidí a seguir al desconocido hasta donde quiera que fuese.

Había caído la noche y una niebla, húmeda y densa, se abatía sobre la ciudad. La niebla pronto se convirtió en lluvia pesada y seguida. Ese cambio de tiempo produjo un efecto extraño en la multitud que se agitó toda en un nuevo movimiento y se escurrió bajo un toldo de paraguas. La ondulación, el codeo, el rumor se multiplicaron. Por mi parte, no me inquieté demasiado por la lluvia, tenía aún en la sangre, y al acecho, una antigua fiebre, para la cual la humedad era terriblemente peligrosa. Até un pañuelo alrededor de mi boca y aguanté firme. Durante media hora, el anciano se abrió paso con dificultad a través de la gran avenida y yo anduve casi sobre sus talones por el temor a perderle de vista. Como que no volvía nunca la cabeza para mirar tras sí, no llegó a verme. Pronto entró en una calle transversal que, aunque llena de gente, no estaba tan concurrida como la principal que acababa de dejar. Aquí se produjo un cambio evidente en su marcha. Anduvo más lentamente, con menos decisión que antes, con mayor vacilación. Atravesó y volvió a atravesar la calle con frecuencia, sin objeto aparente; y la multitud era tan densa que, a cada nuevo movimiento, me veía obligado a seguirle más de cerca. Era una calle estrecha y larga, y el paseo que dio por ella duró cerca de una hora, durante la cual, la multitud de transeúntes se redujo poco a poco a la cantidad de gente que se ve ordinariamente en Broadway, cerca del parque, hacia el mediodía, tan grande es la diferencia entre una multitud de Londres y la de la ciudad americana más poblada. Un segundo zigzag nos llevó a una plaza brillantemente iluminada y desbordante de vida. La primera manera del desconocido volvió a manifestarse. Su mentón cayó sobre su pecho y sus ojos se agitaron extrañamente, bajo sus cejas fruncidas, en todos sentidos y hacia todos los que le rodeaban. Apresuró el paso, regularmente, sin interrupción. Me di cuenta, con sorpresa, cuando hubo dado la vuelta a la plaza, de que volvía sobre sus pasos. Quedé aún más sorprendido cuando le vi volver a empezar el mismo paseo varias veces; una vez, en que dio una vuelta con un movimiento brusco, estuve a punto de que me descubriera.

En esto empleó otra hora, al fin de la cual fuimos menos molestados por los transeúntes que al principio. La lluvia caía a cántaros, el aire se enfriaba, y la gente volvía a su casa. Con un gesto de impaciencia, el hombre errante entró en una calle oscura, comparativamente desierta. A lo largo de esta calle, algo así como un cuarto de milla, corrió con una agilidad que no hubiera nunca sospechado en un ser tan viejo; una agilidad tal que tuve mucho trabajo para seguirle. En pocos minutos, salimos a un vasto y tumultuoso bazar. El desconocido parecía estar perfectamente al corriente de los lugares, y tomó una vez más su marcha primitiva, abriéndose paso aquí y allá, sin objeto, entre la multitud de compradores y vendedores.

Durante la hora y media que pasamos allí, necesité mucha prudencia para no perderle de vista sin llamar la atención. No se dio cuenta ni un solo instante de que le espiaba. Entró sucesivamente en todas las tiendas, no compró nada, no dijo ni una palabra, y lanzaba sobre todos los objetos una mirada fija, asombrada, vacía. Estaba yo totalmente sorprendido de su conducta; y tomé la firme resolución de no dejarle sin haber satisfecho de algún modo u otro mi progresiva curiosidad acerca de él.

En un reloj de extraño sonido sonaron las once y todo el mundo se apresuró a salir del bazar. Un tendero, al cerrar un postigo, dio un codazo al viejo, y, en el mismo instante, vi un violento estremecimiento que recorría todo su cuerpo. Se precipitó a la calle, miró un momento con ansiedad a su alrededor y se fue con una increíble velocidad a través de varias callejuelas tortuosas y desiertas, hasta que llegamos, otra vez, a la gran calle de donde habíamos salido: la calle del hotel D. ...

Ésta ya no tenía el mismo aspecto. Seguía brillante por la luz del gas; pero la lluvia caía furiosamente y sólo se veían algunos transeúntes. El desconocido palideció. Dio algunos pasos con aire melancólico en la avenida tan concurrida antes; luego, con un profundo suspiro, se volvió en dirección al río, y hundiéndose a través de un laberinto de caminos desviados llegó, por fin, ante uno de los principales teatros. Estaban en el momento de cerrarlo, y el público se precipitaba por las puertas. Vi al viejo abrir la boca, como para respirar, y arrojarse entre la multitud; pero me pareció que la profunda angustia de su fisonomía se había, en cierto modo, calmado. Su cabeza recayó otra vez sobre su pecho; me pareció tal como le había visto la primera vez. Noté que se dirigía hacia el mismo lado que la mayoría del público; pero, en suma, me era imposible comprender lo más mínimo de su extraña obstinación.

El hombre, al caminar y ver que la gente se iba diseminando, tuvo un cierto malestar y sus primeras vacilaciones volvieron para hacer presa de él. Durante un rato, siguió de cerca a un grupo de diez o doce alborotadores; poco a poco, uno a uno, el número disminuyó y se redujo a tres individuos que permanecieron juntos en un callejón estrecho, oscuro y poco frecuentado. El desconocido hizo una pausa, y durante un momento pareció perderse en sus reflexiones; luego, con una agitación muy notable, tomó rápidamente por un camino que nos condujo al extremo de la ciudad, a regiones bien diferentes de las que hasta entonces habíamos recorrido. Era el barrio más insano de Londres, en el que cada cosa lleva el horrible sello de la más sórdida pobreza y del vicio más insano. A la luz accidental de un sombrío farol, se percibían casas de madera, altas, antiguas, carcomidas, ruinosas, y en tan numerosas y caprichosas direcciones que apenas se podía adivinar entre ellas la apariencia de un pasaje. Los adoquines estaban esparcidos por doquier, arrancados de sus alveolos por la hierba victoriosa. Una horrible suciedad se pudría en los arroyos obstruidos. Toda la atmósfera estaba saturada de desolación. entretanto, a medida que avanzábamos, los ruidos de la vida humana se avivaron claramente y por grados; y, por fin, vastas bandas de hombres, de los más infames de la población de Londres, se mostraron oscilando de un lado para otro. El viejo sintió otra vez que sus espíritus palpitaban, como una vela que está cerca de la agonía.

De nuevo se adelantó con paso alargado. De golpe, dimos la vuelta a una esquina; una luz llameante resplandeció a nuestra vista, y nos encontramos ante uno de esos templos suburbanos de la disipación, uno de los palacios del demonio.

Casi apuntaba el día; pero una multitud de miserables borrachos se apretujaban aún dentro y fuera de la vetusta puerta. Casi con un grito de alegría el viejo se abrió paso hacia el centro, readquirió su fisonomía primitiva, y se puso a recorrer la baraúnda en todos sentidos, sin objeto aparente.

De todas maneras, no hacía mucho que se entregaba a aquel ejercicio, cuando un gran movimiento en las puertas dio pruebas de que el dueño iba a cerrar a causa de la hora. Lo que observé en la fisonomía del singular ser que espiaba tan obstinadamente fue algo más intenso que la desesperación. No obstante, no vaciló en su carrera, mas con una energía loca, volvió otra vez sobre sus pasos hacia el corazón del inmenso Londres. Corrió rápido y mucho rato, y siempre le seguí con pavorosa sorpresa, resuelto a no abandonar una búsqueda por la que sentía un interés que me absorbía completamente.

Salió el sol mientras nosotros seguíamos nuestra carrera, y cuando hubimos llegado de nuevo al lugar de cita comercial de la populosa urbe, la calle del hotel D. ..., ésta presentaba un aspecto de actividad y de movimiento humanos casi igual al que había visto la tarde precedente.

Y allí, otra vez, en medio de la confusión siempre acrecentada, persistí en mi persecución al desconocido. Pero, como de ordinario, él iba y venía, y en todo el día no salió del torbellino de aquella calle, y cuando las sombras de la segunda noche se acercaron, yo me sentí rendido de fatiga y pronto a morirme; deteniéndome erguido ante el hombre errante, le miré intrépidamente a la cara. No me prestó atención, mas reemprendió su solemne paseo, mientras que yo, renunciando a seguirle, me quedé absorto en su contemplación... Ese anciano —me dije a la larga— es el tipo y el genio del crimen perfecto. Se niega a estar solo. *Es el hombre de las multitudes.* Sería inútil seguirle; porque no sabría nada más de él ni de sus acciones. El mal corazón del mundo es un libro más repugnante que el *Hortulus animae* de Grünninger, y quizás una de las grandes misericordias de Dios es que *Es loesst sich nicht lesen* (no se deja leer).

El demonio de la perversidad

Cuando se examinan las facultades y las inclinaciones —móviles fundamentales del alma del hombre—, los frenólogos se olvidan de dedicar una parte a una tendencia, que, aunque exista visiblemente como sentimiento primitivo, radical e indestructible, ha sido igualmente omitida por todos los moralistas que les precedieron. En la infatuación perfecta de nuestra razón, todos la hemos omitido. Hemos permitido que su existencia se ocultara a nuestra vista, únicamente por falta de creencia —de fe—, ya sea en la Revelación, ya sea en la Cábala. La idea no se nos ha presentado nunca, simplemente a causa de su calidad de supererogación. No hemos tenido la necesidad de comprobar aquel impulso, aquella tendencia. No podíamos concebir su necesidad. No podíamos comprender la noción del *primum mobile*, y, aunque por fuerza se hubiese introducido en nosotros, no habríamos podido comprender jamás qué papel desempeñaba en la economía de las cosas humanas, temporales o eternas. Es imposible negar que la frenología y una buena parte de las ciencias metafísicas han sido elaboradas *a priori*. El hombre de la metafísica o de la lógica, más que el hombre de la inteligencia y de la observación, pretende concebir los proyectos de Dios, dictarle planes. Habiendo profundizado con satisfacción completa las intenciones de Jehová, según esas intenciones ha construido innumerables y caprichosos sistemas. En materia de frenología, por ejemplo, hemos empezado por establecer, desde luego muy naturalmente, que uno de los proyectos de la Divinidad era el de que el hombre comiera. Luego, hemos asignado al hombre un órgano de alimentatividad, y ese órgano es el acicate con que Dios obliga al hombre a comer, de grado o por fuerza. En segundo lugar, habiendo decidido que es voluntad de Dios, la de que el hombre continuara su especie, hemos descubierto enseguida un órgano de amatividad. E igualmente los de la combatividad, de la idealidad, de la causalidad, de la constructividad; en una palabra, todos los órganos que representan una inclinación, un sentimiento moral o una facultad de la inteligencia pura. Y en esa instalación de principios de la acción humana, los Spurzheimistas, con razón o sin ella, en totalidad o en parte, no han hecho más que seguir, en principio, las huellas de sus antecesores; deduciendo y estableciendo cada cosa según el destino preconcebido por el hombre y tomando por base las intenciones de su Creador.

Hubiera sido más inteligente y más seguro el basar nuestra clasificación (puesto que nos precisa clasificar en absoluto) en los actos que el hombre verifica habitualmente, y lo que verifica ocasionalmente, siempre ocasionalmente, antes que en la hipótesis de que es la Divinidad misma la que se los hace verificar. Si no podemos comprender a Dios en sus obras visibles, ¿cómo le vamos a comprender en sus ideas inconcebibles, que llaman a aquellas obras a la vida? ¿Si no podemos concebirle en sus criaturas objetivas, cómo le vamos a concebir en sus modos incondicionales y en sus fases de creación?

La inducción *a posteriori* había conducido a la frenología a admitir como principio primitivo e innato de la acción humana un no sé qué paradójico que llamaremos perversidad, a falta de un término más característico. En el sentido que yo le asigno, es, en realidad, un móvil sin motivo, un motivo inmotivado. Bajo su influencia, obramos por la razón de que no deberíamos. En teoría, no puede haber razón más desrazonable; pero, de hecho, no hay otra más potente. Para ciertos espíritus, en ciertas condiciones, se hace absolutamente irresistible. Mi vida, para mí, no es más cierta que esta proposición: la certeza del pecado o del error incluso en un acto cualquiera es, a menudo, la única fuerza invencible que nos impele a su realización. Y esa tendencia abrumadora a hacer el mal por el amor del mal no admitirá ningún análisis, ninguna resolución en elementos ulteriores. Es un movimiento radical, primitivo y elemental. Se dirá, ya lo supongo, que si persistimos en ciertos actos porque sentimos que no debiéramos persistir en ellos, nuestra conducta no es más que una modificación de la que deriva ordinariamente la combatividad frenológica.

Mas una simple ojeada bastará para descubrir la falsedad de esa idea. La combatividad frenológica tiene por causa de existencia la necesidad de la defensa personal. Es nuestra salvaguardia contra la injusticia. Su principio atañe a nuestro bienestar; y así, al mismo tiempo que se desarrolla, sentimos que se exalta en nosotros su deseo. De ello se deducirá que el deseo del bienestar debiera ser simultáneamente excitado por todo principio que no fuese sino una modificación de la combatividad; pero, en el caso de ese no sé qué, que yo llamo perversidad, no solamente el deseo del bienestar no se despierta, sino que aparece como un sentimiento singularmente contradictorio.

Cualquier hombre, que apele a su propio corazón, encontrará finalmente la mejor respuesta al sofisma de que se trata.

Nadie que consulte con lealtad e interrogue cuidadosamente a su alma se atreverá a negar el absoluto radicalismo de aquella inclinación, tan caracterizada como incomprensible. No hay hombre, por ejemplo, que, en determinado momento, no haya sido devorado por el ardiente deseo de torturar a su oyente con circunloquios. El que habla sabe perfectamente que disgusta; tiene la buena intención de ser agradable; habitualmente, es breve, preciso y claro; el lenguaje más lacónico y el más luminoso se agita y pugna en su lengua; no sin pena se obliga a sí mismo a negarle el paso; teme y conjura el malhumor de aquel a quien se dirige. No obstante, le emociona la idea de que, con ciertos incisos y paréntesis, podría engendrar aquella cólera. Esa simple idea basta. El movimiento se convierte en veleidad; la veleidad se agranda en deseo; el deseo se cambia en una necesidad irresisitible, y la necesidad se satisface, con profundo sentimiento y mortificación del que habla y con desprecio de todas las consecuencias.

Tenemos ante nosotros una tarea que hemos de cumplir rápidamente. Sabemos que la tardanza es nuestra ruina. La más importante crisis de nuestra vida reclama, con la voz imperativa de una trompeta, la acción y la energía inmediatas. Además, nos consumimos en la impaciencia de emprender nuestro trabajo; el gusto anticipado de un resultado glorioso prende fuego en nuestra alma. Es preciso, es necesario que la tarea sea emprendida hoy mismo —y, no obstante, la dejamos para mañana—. ¿Por qué? No hay explicación si no es la de que sentimos que eso es perverso; sirvámonos de la palabra sin comprender el principio. Llega el día de mañana y, al mismo tiempo, una ansia más impaciente de cumplir nuestro deber; pero con ese acrecentamiento de ansiedad se produce, también, un deseo ardiente, anónimo, de diferir todavía —deseo ciertamente terrible—, porque su naturaleza es impenetrable. Cuanto más tiempo transcurre, más aumenta la fuerza del deseo. No falta sino una hora para la acción, y esa hora nos pertenece. Temblamos por la violencia del conflicto que se agita en nosotros, por la batalla entre lo positivo y lo indefinido, entre la sustancia y la sombra.

Pero, si la lucha ha llegado a ese punto, la sombra vence y nos debatimos en vano. Suena el reloj y el toque de agonía de nuestra felicidad. El mismo tiempo, para la sombra, que tanto nos ha aterrorizado, es el despertador, la diana del gallo vencedor de los fantasmas.

Remontar el vuelo —desaparece—, somos libres. Vuelve la antigua energía. Ahora trabajaremos. ¡Ay! Ahora es ya demasiado tarde.

Estamos ante el borde de un precipicio. Miramos al abismo, sentimos malestar y vértigo. Nuestro primer impulso es el de retroceder lejos del peligro. Inexplicablemente, permanecemos en él. Poco a poco, nuestro malestar, nuestro vértigo, nuestro horror se confunde en un sentimiento nebuloso e indefinible. Gradualmente, insensiblemente, aquella nube toma una forma como el vapor de la botella de donde se elevaba el genio de Aladino. Pero de nuestra nube, en el borde del precipicio, se eleva, cada vez más palpable, una forma mil veces más terrible que ningún genio, que ningún demonio de la fábula; y, no obstante, no es más que una idea, pero una idea pavorosa, que hiela hasta la médula de nuestros huesos, y penetra en ellos con las feroces delicias de su horror. Es simplemente esta idea: ¿Cuáles serían nuestras sensaciones en el curso de una caída desde tal altura? Y esa caída —ese aniquilamiento fulminante— por la sencilla razón de que implica la más terrible, la más odiosa de todas las más terribles y de todas las más odiosas imágenes de la muerte y del sufrimiento que jamás se hayan presentado a nuestra imaginación, por la razón simple, la deseamos entonces ardientemente. Y porque nuestro juicio nos aleja violentamente del borde, por eso mismo nos acercamos a él más impetuosamente.

No existe en la naturaleza pasión más diabólicamente impaciente que la de un hombre que, trémulo ante la vista de un precipicio, está pensando en arrojarse a él. Permitirse tratar de pensar sólo un instante, es perderse inevitablemente; porque la reflexión nos ordena que nos abstengamos, y es por eso mismo, digo, por lo que no podemos. Si no hay allí una mano amiga que nos detenga, o si no somos capaces de un esfuerzo súbito para alejarnos del abismo, nos lanzamos, nos aniquilamos.

Examinemos esas acciones y otras análogas y encontraremos que son únicamente el resultado de nuestra perversidad. Las perpetramos simplemente a causa de que sentimos que no debiéramos hacerlo. Más acá o más allá no hay principio inteligible; y podríamos, en verdad, considerar esa perversidad como una instigación directa del demonio, si no estuviese reconocido que, a veces, sirve para la realización del bien.

Si os he hablado tanto de eso, ha sido para responder de alguna manera a vuestra pregunta —para explicaros el porqué estoy aquí—, para poder mostraros una causa cualquiera que motive esas cadenas que llevo y esta celda de condenado que habito. Si no hubiese sido tan prolijo, o no me hubieseis entendido o, como la multitud, me hubieseis creído loco. ahora, os daréis cuenta, fácilmente, de que soy una de las víctimas innumerables del *Demonio de la Perversidad*.

Es imposible que una acción se haya urdido nunca con una deliberación más perfecta. Durante semanas, durante meses enteros, medité acerca de los medios de asesinar. Rechacé mil planes, porque la realización de cada uno implicaba una probabilidad de revelación. A la larga, leyendo un día unas memorias francesas, encontré la historia de la enfermedad casi mortal que sufrió Madame Pilaud por el hecho de una vela accidentalmente envenenada. La idea impresionó súbitamente mi imaginación.

Sabía que mi víctima tenía la costumbre de leer en su cama. Sabía, también, que su habitación era pequeña y mal ventilada. Pero no tengo necesidad de fatigaros con detalles ociosos. No os contaré las fáciles astucias de que me valí para sustituir, en el candelero de su dormitorio, la vela que había en él por una de mi composición. Por la mañana se encontró al hombre muerto en su cama, y el veredicto del juez fue: «Fallecido por muerte repentina.»

Heredé su fortuna y todo fue perfectamente durante varios años.

La idea de una revelación no entró ni una sola vez en mi cerebro. En cuanto a los restos de la vela fatal, yo mismo los había hecho desaparecer. No había dejado ni la sombra de un hilo que pudiera servir para demostrar, ni siquiera sospechar, que yo era el autor del crimen. Es imposible concebir el magnífico sentimiento de satisfacción que yo experimentaba cuando pensaba en mi absoluta seguridad. Durante un largo período de tiempo solía deleitarme en ese sentimiento. Me procuraba un placer más real que todos los beneficios puramente materiales resultantes de mi crimen.

Pero, a la larga, llegó una época a partir de la cual el sentimiento de placer se transformó, por una gradación casi imperceptible, en una idea que me avasallaba y me abrumaba. Me abrumaba porque me avasallaba. Apenas podía librarme de ella ni un instante. Es una cosa ordinaria la de tener el oído fatigado, o mejor, la memoria obcecada por una especie de retintín, por el estribillo de una canción vulgar o por algunos fragmentos insignificantes de ópera. Y la tortura no será menor aunque la canción sea buena o el aire de ópera estimable. Y así fue como, finalmente, me sorprendía sin cesar pensando en mi seguridad y repitiéndome en voz baja esta frase: ¡Estoy salvado!

Un día, paseándome por la calle me di cuenta de que murmuraba, casi en voz alta, esas sílabas habituales. En un acceso de petulancia, las expresaba en esta nueva forma: ¡Estoy salvado; estoy salvado; sí, a menos que..., que sea tan tonto que confiese mi caso!

Apenas había pronunciado esas palabras cuando sentí un frío glacial que se infiltraba hasta mi corazón. Había adquirido cierta experiencia acerca de esos accesos de perversidad (de los que no sin esfuerzo he explicado la singular naturaleza), y recordaba muy bien que en ningún caso había podido resistir a sus victoriosos ataques. Y ahora, aquella sugestión fortuita, procedente de mí mismo —la de que podría ser bastante tonto para confesar el asesinato de que era culpable— me confortaba como la sombra misma del que yo había asesinado, y me llamaba hacia la muerte.

En primer lugar, hice un esfuerzo para sacudir aquella pesadilla de mi alma. anduve vigorosamente —más rápido—, más rápido aún, y, finalmente, corrí. Sentía un deseo frenético de gritar con todas mis fuerzas. Cada oleada sucesiva de mi pensamiento me agobiaba con un nuevo terror; porque, ¡ay!, comprendía bien, demasiado bien, que pensar, en mi situación, equivalía a perderme. Aceleré más mi carrera. Saltaba como un loco a través de las calles repletas de gente. A la larga, el público se alarmó y corrió detrás de mí. Sentí, entonces, la consumación de mi destino. Si hubiese podido arrancarme la lengua, lo hubiese hecho —pero una voz ruda resonó en mis oídos—, una mano más ruda todavía me agarró por el hombro. Me volví. abrí la boca para aspirar. Durante un momento, sentí todas las angustias de la sofocación; Me volví, ciego, sordo, ebrio; y entonces, algún demonio invisible, pensé, me golpeó en la espalda con su ancha mano; el secreto, tanto tiempo aprisionado, se escapó de mi alma.

Dicen que hablé con una energía notable y una precipitación, como si temiese que me interrumpieran antes de haber terminado las frases breves, pero de gran importancia, que me entregaban al verdugo y al infierno.

Tras relatar todo cuanto era necesario para la plena convicción de la justicia, caí al suelo, desvanecido.

Mas, ¿para qué seguir? ¡Hoy llevo estas ataduras y estoy aquí! Mañana seré libre, sí, pero, ¿dónde?

La esfinge

Durante la terrible epidemia de cólera que asoló Nueva York, acepté la invitación de un familiar para pasar con él una quincena en su finca sita a la orilla del Hudson.

Allí estábamos rodeados de todos los habituales recursos del campo en materia de distracciones; y entre los paseos por el bosque, la pintura, la pesca, el remo, los chapuzones en el río, la música y los libros, hubiésemos pasado muy agradablemente el tiempo, de no haber sido por el horror de las noticias que cada día nos llegaban de la populosa ciudad. No transcurría ni uno solo que no nos trajera el anuncio del óbito de algún conocido nuestro. Y, a medida que la epidemia se extendía, nos acostumbramos a temer diariamente la muerte de algún amigo. Acabamos por temblar ante la diaria llegada del cartero. Los aires del sur nos parecían también infectados de muerte. Y este temor que nos helaba terminó apoderándose de mi alma. Mis palabras, mis pensamientos, mis sueños, no tenían otro objeto.

Mi anfitrión, de temperamento menos excitable, se esforzaba en sostener mi ánimo, aunque él mismo estaba muy deprimido. Su intelecto, saturado de filosofía, no se afectaba nunca por nada que fuera irreal. No era del todo insensible a los terrores fundamentales motivados, pero no temía en absoluto a los simples fantasmas.

Los esfuerzos que hizo para sacarme del estado anormalmente morboso en que yo había caído fueron, con mucho, frustrados por ciertos volúmenes que descubrí en su biblioteca, y que eran de naturaleza lo bastante morbosa como para contribuir a la germinación de las semillas de superstición hereditaria latente en mi corazón. Había leído los libros sin decírselo, de modo que él no sabía a veces a qué atribuir las impresiones violentas experimentadas por mi espíritu.

Me gustaba hablar de la creencia del pueblo en los presagios; creencia que en aquella época de mi vida estaba dispuesto, por primera vez, a defender seriamente. Teníamos discusiones largas y vivas sobre esta materia: él, sosteniendo que tales ideas no podían tener fundamento alguno; yo, afirmando que un sentimiento popular nacido de manera absolutamente espontánea —es decir, sin traza aparente de sugestión— no había duda de que tenía en sí elementos de verdad, y merecía que se le respetara.

La verdad es que pronto, tras mi llegada al chalet, me ocurrió un incidente tan inexplicable, que presentaba en tal grado el carácter de augurio amenzador, que se me hubiera podido perdonar el que lo hubiese tomado por un verdadero presagio. Quedé atemorizado, y al mismo tiempo confuso, perplejo hasta el punto de que dejé pasar varios días antes de decidirme a poner al corriente a mi amigo.

Al atardecer de un día de sofocante calor, estaba yo sentado, libro en mano, ante una ventana abierta que por la larga perspectiva de las orillas del río, tenía vista a una colina lejana, cuya superficie más próxima estaba privada, a causa de un deslizamiento de tierras, de la mayor parte de su vegetación. Mis ideas habían divagado mucho rato sobre el volumen que tenía, y sobre la congoja y sobre el duelo de la ciudad vecina. Mi mirada, al levantarse, encontró al flanco demudado de la colina y un objeto, un monstruo viviente, de estructura horrorosa, que descendió con rapidez de la cumbre y acabó desapareciendo en los densos bosques del valle. Cuando el ser apareció, empecé por dudar de mi razón, por lo menos, del testimonio de mis ojos; y transcurrieron muchos minutos antes de que me convenciera de que ni estaba loco ni estaba soñando. Pero ahora que voy a describir al monstruo (lo había visto claramente y observado con calma en todo su trayecto) me temo que mis lectores experimentarán aún más dificultad que yo en admitir esos puntos.

Comparando las dimensiones de la criatura en relación con el diámetro de los grandes árboles junto a los cuales pasaba —árboles gigantes más propios de la selva que se habían salvado del furor del deslizamiento del terreno—, concluí que era mayor que ninguno de los buques de línea existentes. Digo buques de línea, porque la forma del monstruo sugería esa comparación: el casco de uno de nuestros navíos de guerra podría dar una idea aproximada de sus contornos. La boca del animal estaba situada en el extremo de una trompa larga de unos sesenta a setenta pies, y gruesa casi como el cuerpo de un elefante africano. Cerca de la base de aquella trompa crecía una cantidad inmensa de pelos negros espesos, más de la que hubiera podido proporcionar el pelaje de veinte búfalos; y de esa masa velluda brotaban, dirigidos lateralmente y hacia abajo, dos brillantes colmillos parecidos a los de un jabalí, pero de dimensiones infinitamente mayores. Hacia delante se extendían, a cada lado de la trompa y paralelos a ella, dos gigantescos dardos largos de treinta o cuarenta pies, constituidos, en apariencia, por cristal puro y de forma perfectamente prismática, en el que los rayos de luz del sol se reflejaban de manera resplandeciente. El tronco tenía la forma de cuña con la punta hacia abajo. Salían de él dos pares de alas —medía cada una de ellas cerca de trescientos pies— superpuestas y recubiertas de una espesa capa de escamas metálicas, cada una de las cuales parecía tener diez o doce pies de diámetro. Noté también que el par superior y el inferior estaban unidos por una fuerte cadena. Pero la particularidad principal de aquel ser horrible era la imagen de una *calavera* que casi cubría la superficie entera de su pecho, tan exactamente (dibujada en blanco), que su brillo se destacaba sobre el fondo oscuro de su cuerpo, como si un pintor la hubiese trazado cuidadosamente. Mientras yo miraba aquel espantoso animal, y más especialmente a la figura de su pecho, con un sentimiento de terror y de horror —sentimiento de calamidad próxima que ningún esfuerzo de razón llegaba a reprimir—, vi a las formidables mandíbulas de la extremidad de la trompa abrirse súbitamente. Salió de ellas un sonido tan potente, que expresaba tan bien la angustia, que obró sobre mis nervios como un toque de degüello; y en el mismo instante en que el monstruo desapareció al pie de la colina, caí desvanecido.

Al restablecerme, mi primer impulso fue el de informar a mi amigo de lo que había visto y oído; y apenas puedo narrar el sentimiento de repugnancia que, finalmente, me impidió el hacerlo.

En fin, una tarde, tres o cuatro días después del acontecimiento, estábamos sentados ambos en la cámara desde donde había visto la aparición; yo ocupaba el mismo asiento, en la misma ventana, y él se había tendido en un sofá cercano. La asociación de tiempo y de lugar me empujó a contarle el fenómeno.

Pacientemente me escuchó hasta el fin, empezó por reír con toda su alma, luego se puso serio como si mi demencia no le ofreciera ya dudas.

En aquel preciso momento distinguí de nuevo, netamente, el monstruo, hacia el que llamé su atención con un grito de completo terror.

Miró en seguida, pero afirmó que no veía nada, aunque yo le designaba minuciosamente el trayecto del ser que descendía a lo largo de la falda de la colina.

Yo estuve desde entonces desmesuradamente alarmado: porque temía a la visión, sea por un presagio de muerte, sea como la precursora, peor aún, de un ataque de alienación. Me eché hacia atrás con vehemencia y me cubrí un momento la cara con mis manos. Cuando volví a mirar, la aparición ya no era visible.

Mientras, mi amigo había recobrado su calma; rigurosamente me interrogó acerca de la conformación de la alucinante criatura. Cuando le hube plenamente satisfecho sobre ese punto, lanzó un profundo suspiro y pareció de repente aliviarse de un peso intolerable. Siguió hablando, con una calma que me pareció feroz, sobre diversos extremos de filosofía que anteriormente habíamos escogido como tema de discusión. Recuerdo que insistió, de manera muy especial, sobre la idea de que la principal fuente de error, en todas las búsquedas a que se entregan los hombres, era la tendencia del intelecto a menospreciar o a exagerar la importancia de un objeto, a consecuencia del simple hecho de situarlo mal. «Para estimar bien, por ejemplo, dijo, la influencia que podría ejercer sobre el conjunto de la humanidad la difusión de la Democracia, no debería dejar de ser tenida en cuenta, entre los elementos de estimación, el alejamiento de la época en la cual tal difusión podría realizarse. ¿Pero puede usted citarme uno solo de los que escriben sobre cosas del gobierno, que haya considerado jamás esa rama del asunto como digna de la menor discusión?...»

Se interrumpió un instante, se dirigió a una biblioteca y sacó de ella uno de los manuales más corrientes de historia natural. Rogándome entonces que cambiara con él de sitio, para permitirle discernir mejor la fina impresión del volumen, tomó mi butaca cerca de la ventana y, abriendo el libro, prosiguió casi en el mismo tono su discurso:

—De no haber sido la extremada minuciosidad con que me habéis descrito al monstruo, no hubiera podido nunca demostraros de qué se trataba. Para empezar, permitid que os lea una descripción, hecha para estudiantes, del género *sphinx*, familia de los corpusculares, orden de los Lepidópteros, clase de los Insectos. He aquí el texto de esa descripción: «Cuatro alas membranosas, recubiertas de pequeñas escamas de apariencia metálica; la boca forma una trompa enrollada proveniente de la elongación de los maxilares y a cuyos lados se encuentran rudimentos de mandíbulas y de papilas vellosas. Un pelo hirsuto une las alas inferiores con las superiores; las antenas en forma de maza, prismáticas, largas; el abdomen puntiagudo. La "Esfinge Calavera" es, con frecuencia para el vulgo, objeto de terror, a causa de una especie de grito ululante que emite y por los símbolos de muerte que porta en su caparazón...»

Cerró el libro y se inclinó hacia delante en su asiento, colocándose exactamente en la posición que yo ocupaba cuando veía al *monstruo*.

—¡Aquí, aquí está! —dijo al momento—. Remonta la ladera de la colina; y admito que es un ser cuya apariencia merece ser notada. Pero ni es tan grande, ni tan lejano como os lo imagináis; porque, de hecho, como se desliza a lo largo de un hilo puesto en la ventana por alguna araña, veo que la longitud mayor es de menos de una pulgada, y que está situado en este momento a menos de una pulgada de la pupila de mis ojos.

El pozo y el péndulo

Estaba exhausto —extremadamente cansado de aquella larga agonía—; y cuando, por fin, me desataron y me fue dado sentarme, noté que mis sentidos me abandonaban. La sentencia —la terrible sentencia de muerte— fue la última frase que hirió mis oídos. Después de ella la voz de los inquisidores me pareció desvanecerse en el zumbido indefinido de un sueño. Aquel ruido traía a mi alma la idea de una rotación, quizás a causa de que en mi imaginación lo asociaba con una rueda de molino. Pero eso duró poco tiempo; porque, de pronto, ya no oí nada. De todos modos, durante algún tiempo todavía vi. Veía los labios de los jueces y sus hábitos negros. Me parecían blancos —más blancos que la hoja en que escribo estas palabras— y delgados hasta lo grotesco; adelgazados por la intensidad de la expresión de dureza —de inmutable resolución—, de enorme desprecio del dolor humano. Veía que los decretos de lo que para mí representaba el Destino manaban aún de sus labios. Les vi retorcerse en una frase de muerte. Les vi dibujar las sílabas de mi nombre; y me estremecí al sentir que el son no seguía al movimiento. Vi también, durante algunos momentos de horror delirante, la débil y casi imperceptible ondulación de las colgaduras negras que recubrían las paredes de la sala. Y, entonces, mi vista se fijó en los siete grandes candelabros que estaban colocados encima de la mesa. Primero me parecieron como ángeles blancos y esbeltos que tenían que salvarme; pero entonces, y de golpe, una ansia mortal invadió mi alma, y sentí cada fibra de mi ser vibrar como si yo hubiese tocado el hilo de una pila voltaica; y las formas angélicas se convertían en espectros insignificantes, con cabezas de fuego, y yo veía bien que no podía esperar socorro alguno de ellos. Y entonces se deslizó en mi imaginación, como una rica nota musical, la idea del reposo delicioso que nos espera en la tumba. La idea vino suave, furtivamente, y me pareció que necesité mucho rato para tener de ella una apreciación completa; pero, en el momento mismo en que mi espíritu empezaba a sentir y a acariciar aquella idea, las figuras de lo jueces se desvanecieron como por arte de magia; los grandes candelabros se redujeron a nada; sus llamas se extinguieron del todo; el negro de las tinieblas sobrevino; todas las sensaciones parecieron desvanecerse como en una inmersión loca y precipitada del alma en el Hades. Y el universo ya no fue más que noche, silencio, inmovilidad.

Estaba desmayado; pero, no obstante, no puedo decir que hubiese perdido toda conciencia. Lo que de ella me quedaba no trataré de definirlo, ni siquiera de describirlo; pero, en fin, todo no estaba perdido. En el más profundo sueño, ¡no! En el delirio, ¡no! En el desvanecimiento, ¡no! En la Muerte, ¡no! No todo está perdido ni en la tumba. De otro modo no habría inmortalidad para el hombre. Al despertarnos del más profundo dormir desgarramos la telaraña de algún ensueño. No obstante, un instante después —tan frágil era quizás aquel tejido— no nos acordamos de haber soñado. En la vuelta del desvanecimiento a la vida hay dos etapas: la primera, es el sentimiento de la existencia moral o espiritual; la segunda, el sentimiento de la existencia física. Parece probable que, si al llegar a la segunda etapa, pudiésemos evocar las impresiones de la primera, encontraríamos en ellas todos los elocuentes recuerdos del abismo transmundano. Y ese abismo, ¿cuál es? ¿Cómo distinguiremos sus sombras de las de la tumba? Pero si las impresiones de lo que yo he llamado la primera etapa no vienen a la llamada de la voluntad, de todos modos, después de un largo intervalo. ¿no aparecen sin ser invitados, aunque nos maravillemos de dónde pueden salir? El que no se ha desmayado nunca no es el que descubre raros palacios y caras extrañamente familiares en las brasas ardientes; no es el que contempla, flotantes en medio del aire, las melancólicas visiones que el vulgo no puede percibir; no es el que medita acerca del perfume de alguna flor desconocida, no es aquel cuyo cerebro se extravía en el misterio de alguna melodía que hasta entonces no había jamás llamado su atención.

En medio de mis esfuerzos repetidos e intensos, de mi enérgica aplicación a recoger algún vestigio de aquel estado de vacío aparente en que se había deslizado mi alma, hubo momentos en que pensé que lo lograba; hubo cortos instantes, muy cortos instantes, en los que conjuré recuerdos que mi razón lúcida, en una época posterior, me afirmó que no podían referirse más que a aquel estado en que la conciencia parece aniquilada. Esas sombras de recuerdos me presentan, muy indistintamente, grandes figuras que me arrebataban y, silenciosamente, me transportaban hacia abajo, más hacia abajo, siempre hacia abajo, hasta el momento en que un vértigo horrible me oprimió a la simple idea del infinito en la bajada. Me recuerdan, también, yo no sé qué vago horror que experimentaba en el corazón por la sola razón de su calma sobrenatural. Luego vino el sentimiento de una inmovilidad súbita en todos los seres cercanos; como si los que me llevaban —¡un cortejo de espectros!— hubiesen traspasado en su descenso los límites de lo ilimitado, y se hubiesen detenido, vencidos por el infinito fastidio de su tarea. En seguida mi alma vuelve a encontrar una sensación de insipidez y de humedad; y, luego, todo no es más que locura, la locura de una memoria que se agita en lo abominable.

De golpe, volvieron a mi alma sonido y movimiento, el movimiento tumultuoso del corazón, y a mis oídos el ruido de sus palpitaciones. Luego, una pausa en la que todo desaparece. Luego, otra vez, el son, el movimiento y el tacto, como una sensación vibrante que penetra en mi ser. Luego, la simple conciencia de mi existencia. Sin pensamiento; situación que duró mucho tiempo. Luego, muy súbitamente, el pensamiento, y un terror espeluznante, y un ardiente esfuerzo para comprender verdaderamente mi estado. Luego, un vivo deseo de recaer en la insensibilidad. Luego, brusco renacimiento del alma y tentativa fructuosa de movimiento. Y, entonces, el recuerdo completo del proceso, de los ropajes negros, de la sentencia, de mi debilidad, de mi desvanecimiento. En cuanto a todo lo que siguió, el más completo olvido; sólo más tarde y con una aplicación enérgica he llegado a recordármelo vagamente.

Hasta este momento no había abierto los ojos y sentía que estaba echado de espaldas y sin ligaduras. Extendí mi mano y cayó pesadamente sobre algo húmedo y duro. La dejé descansar así durante algunos minutos, esforzándome en adivinar dónde estaba y lo que era de mí. Estaba impaciente por servirme de mis ojos, pero no me atrevía. Temía a la primera ojeada sobre los objetos que me rodeaban. No era que temiese el ver cosas horribles, pero me causaba pavor la idea de no ver nada. A la larga, con una loca angustia de corazón, abrí vivamente los ojos. Mi terrible pensamiento se encontró confirmado. La oscuridad de la noche eterna me envolvía. Hice un esfuerzo para respirar. Me pareció que la intensidad de las tinieblas me oprimía y me sofocaba. La atmósfera era intolerablemente pesada. Permanecí apaciblemente acostado e hice un esuerzo para ejercitar mi razón. Recordé los procedimientos de la Inquisición, y, partiendo de ahí, me apliqué a deducir mi posición real. La sentencia había sido pronunciada y me parecía que desde entonces había transcurrido un largo intervalo de tiempo. Sin embargo, no me imaginé, ni un solo instante, que yo estuviese realmente muerto. Tal idea, a despecho de todas las ficciones literarias, es totalmente incompatible con la existencia real; ¿pero dónde estaba yo y en qué estado? Yo sabía que los condenados a muerte morían ordinariamente en los autos de fe. Una solemnidad de ese género se había celebrado la tarde misma del día de mi juicio. ¿Había sido yo reintegrado a mi calabozo para esperar el próximo sacrificio que no debía celebrarse hasta dentro de algunos meses? Vi de seguida que eso no podía ser. El contingente de las víctimas había sido inmediatamente requerido; además, mi primer calabozo, como todas las celdas de los condenados en Toledo, estaba enlosado, y la luz no estaba excluida del todo.

De repente, una horrible idea impelió la sangre a torrentes hacia mi corazón, y, durante algunos instantes, recaí otra vez en la insensibilidad. Al volver en mí, me erguí de un golpe en pie, temblando convulsivamente en cada fibra. Extendí locamente mis brazos encima y alrededor mío, en todas direcciones. No sentía nada; no obstante, temblaba a la idea de dar un paso, tenía miedo de topar con las paredes de mi tumba. El sudor brotaba de todos mis poros y se detenía en gruesas gotas frías sobre mi frente. La agonía de la incertidumbre se hizo a la larga intolerable, y avancé con precaución extendiendo los brazos y mirando con mis ojos fuera de sus órbitas, con la esperanza de sorprender algún débil rayo de luz. Di varios pasos, pero todo estaba oscuro y vacío. Respiré más libremente. Por fin, me pareció evidente que el más terrible de los destinos no era aquel que me habían reservado.

Y entonces, como yo continuaba avanzando con precaución, mil vagos rumores que corrían acerca de los horrores de Toledo se amontonaron mezclados en mi memoria. Se contaban de los calabozos, cosas extrañas —yo las había considerado siempre como fábulas—, pero tan extrañas y tan horripilantes que no se podían repetir sino en voz baja. ¿Tenía que morir de hambre en aquel mundo subterráneo de tinieblas, o qué destino, más terrible aún, me esperaba? Que el resultado fuese la muerte, y una muerte de amargura escogida, yo conocía demasiado bien el carácter de mis jueces para dudarlo; el modo y la hora eran todo lo que me ocupaba y me atormentaba.

Mis brazos extendidos encontraron a la larga un obstáculo sólido. Era una pared, que parecía construida de piedra, muy lisa, húmeda y fría. La seguí de cerca, andando con la cuidadosa desconfianza que ciertas antiguas historias me habían inspirado. Esta operación no me dio ningún medio de verificar la dimensión de mi cárcel; porque podía darle la vuelta y volver al punto de donde había partido sin darme cuenta, tanto la pared parecía perfectamente uniforme. Por ese motivo busqué el cuchillo que tenía en el bolsillo cuando me condujeron al Tribunal; pero había desaparecido, porque me habían cambiado las ropas por un vestido de basta sarga. Tenía la idea de hundir la hoja en alguna pequeña grieta de la mampostería, a fin de comprobar mi punto de partida. La dificultad, no obstante, era bien vulgar; pero, de momento, en el desorden de mi pensamiento, me pareció insuperable. Desgarré una parte del dobladillo de mi vestido y coloqué el pedazo en el suelo en toda su longitud y en ángulo recto con la pared. Siguiendo mi camino a tientas alrededor de mi mazmorra, por fuerza tenía que volver a encontrar el trapo al acabar el circuito. Por lo menos, así lo creía; pero no había tenido en cuenta ni la extensión de mi calabozo ni mi postración. el terreno era húmedo y resbaladizo. Anduve vacilando durante algún rato, luego tropecé y caí. Mi extrema fatiga me decidió a permanecer echado, y pronto me llegó el sueño.

Al despertar y estirar el brazo, hallé a mi lado un pan y un jarro de agua. Estaba demasiado agotado para reflexionar acerca de esa circunstancia y comí ávidamente. Poco rato después reemprendí mi viaje alrededor de mi celda y, con mucho esfuerzo, llegué al pedazo de sarga. En el momento en que caí, había contado ya cincuenta y dos pasos, y, al reemprender el paseo, conté cuarenta y ocho más, cuando encontré mi trapo. En todo, pues, eran cien pasos; y, suponiendo que dos pasos hicieran una yarda, presumí que el calabozo tenía cincuenta yardas de circuito. Había encontrado muchos ángulos en la pared, y por lo tanto no tenía modo de hacer conjeturas acerca de la forma del sepulcro; porque no me era posible dejar de suponer que lo era.

No ponía mucho interés en estas búsquedas —con toda seguridad, tampoco esperanza—; pero una vaga curiosidad me incitaba a continuarlas. Abandonando la pared, resolví atravesar la superficie circunscrita. De momento, avancé con una extrema precaución; porque el suelo, aunque parecía hecho de una materia dura, era traidor y resbaladizo. A la larga, no obstante, tomé valor y eché a andar con aplomo, tratando de atravesar en línea tan recta como fuera posible. Había avanzado así unos diez o doce pasos aproximadamente, cuando el resto del dobladillo desgarrado de mi vestido se enredó en mis piernas. Lo pisé y caí violentamente de cara.

En el desorden de mi caída, no noté en seguida una circunstancia algo sorprendente, que, no obstante, algunos segundos después, y cuando yo aún estaba extendido, fijó mi atención. Hela aquí: mi mentón reposaba sobre el suelo de la prisión, pero mis labios y la parte superior de mi cabeza, aunque parecían situados a una menor elevación que la barbilla, no tocaban a nada. Al mismo tiempo me pareció que mi frente estaba bañada de un vapor viscoso y que un olor particular de viejos hongos subía hasta mis narices. Alargué el brazo y me estremecí al descubrir que había caído al borde mismo de un pozo circular, del que no tenía, por el momento, medio alguno de medir la extención. Palpando la mampostería, justo debajo del brocal, logré arrancar un pequeño fragmento y lo dejé caer en el abismo. Durante algunos segundos presté oído a sus rebotes; por fin, hizo en el agua una lúgubre zambullida, seguida de ruidosos ecos. En el mismo instante se produjo un ruido encima de mi cabeza, como de una puerta cerrada apenas abierta, mientras que un débil rayo de luz atravesaba súbitamente la oscuridad y se apagaba casi al mismo tiempo.

Vi muy claro el destino que se me había preparado, y me felicité del accidente oportuno que me salvó. Un paso más, y el mundo no me hubiera vuelto a ver. Y aquella muerte evitada a tiempo tenía el mismo carácter que yo había mirado como fabuloso y absurdo en los cuentos que se decían sobre la Inquisición. Las víctimas de su tiranía no tenían otra alternativa que la muerte con sus más crueles agonías físicas, o la muerte con sus más abominables torturas morales. Yo había sido reservado para esta última. Mis nervios estaban distendidos por un largo sufrimiento, hasta el punto de que temblaba al son de mi propia voz, y me había convertido en un excelente sujeto para la especie de tortura que me esperaba.

Con incontenible temblor que afectaba a todos mis miembros, retrocedí a tientas hacia la pared, resuelto a dejarme morir allí antes que afrontar el horror del pozo, que mi imaginación multiplicaba entonces en las tinieblas de mi calabozo. En otra situación de espíritu hubiera tenido el valor que acabar con mis miserias, de un solo golpe, con un salto en uno de aquellos abismos; pero, entonces, era el más perfecto de los cobardes. Y, luego, me era imposible abordar lo que había leído a propósito de esos pozos: que la extinción súbita de la vida era una posibilidad cuidadosamente excluida por el genio bestial que había concebido su plan.

La agitación de mi espíritu me mantuvo despierto durante largas horas; pero, por fin, me adormecí otra vez. Al despertarme, encontré a mi lado, como la primera vez, un pan y un botijo de agua. Una sed ardiente me consumía y vacié el botijo de un trago. Sin duda, el agua había sido envenenada, porque apenas la hube bebido me amodorré irresistiblemente. Un profundo sueño me invadió, un sueño parecido al de la muerte. Cuánto tiempo duró, no podría saberlo; pero cuando volví a abrir los ojos, los objetos a mi alrededor estaban visibles. Gracias a una claridad singular, sulfurosa, cuyo origen de momento no pude descubrir, pude ver la extensión y el aspecto de la prisión.

Me había engañado mucho acerca de sus dimensiones. Las paredes no podían tener más de veinticinco yardas de circuito. Durante algunos minutos ese descubrimiento fue para mí una inmensa turbación; turbación muy pueril, en verdad, porque, en medio de las circunstancias terribles que me rodeaban, ¿qué podía haber de menor importancia que las dimensiones de mi prisión? Pero mi alma ponía un interés extraño en simplezas y me aplicaba con fuerza a darme cuenta del error que había cometido en mis medidas. Por fin, la verdad se me apareció como un relámpago. En mi primera tentativa de exploración había contado cincuenta y dos pasos hasta el momento en que caí; tenía que estar entonces a un paso o dos del pedazo de sarga; de hecho, casi había recorrido todo el circuito de la sepultura. Me dormí entonces, y, al despertar, debí volver sobre mis pasos, creando así un circuito casi doble del circuito real. La confusión de mi cerebro me había impedido el que notara que había empezado mi vuelta con la pared a mi izquierda y que la terminaba con la pared a mi derecha.

Me había también engañado por lo que concernía a la forma del recinto. Palpando mi ruta, había encontrado muchos ángulos y de ello había deducido la idea de una gran irregularidad; ¡de tal modo es potente el efecto de una oscuridad total sobre alguien que sale de un letargo o de un sueño! Esos ángulos eran simple producto de algunas ligeras depresiones o huecos a intervalos desiguales. La forma general del calabozo era un cuadrado. Lo que había tomado por mampostería parecía entonces de hierro, o de algún otro metal, en láminas enormes cuyas suturas y junturas ocasionaban las depresiones. La superficie entera de aquella construcción metálica estaba groseramente pintarrajeada con todos los emblemas horrorosos y repulsivos a que ha dado origen la superstición sepulcral de los monjes. Figuras de demonios con aires de amenaza, con formas de esqueletos, y otras imágenes de un horror más real ensuciaban las paredes en toda su extensión. Observé que los perfiles de aquellas monstruosidades eran suficientemente distinguibles, pero que los colores estaban marchitos y alterados, como por el efecto de una atmósfera húmeda. Noté entonces el suelo, que era de piedra. En el centro se abría el pozo circular, de cuyas fauces me había salvado; pero no había más que uno en la mazmorra.

Vi todo eso no muy claramente ni sin esfuerzo, porque mi situación física había cambiado singularmente durante mi sueño. Ahora estaba tendido de espaldas, tan largo como era, en una especie de armazón de madera muy baja, y sólidamente atado a ella con una larga faja que parecía una cincha. Ésta se enroscaba varias veces alrededor de mis miembros y de mi cuerpo, y no me dejaba en libertad sino mi cabeza y mi brazo izquierdo; pero tenía que hacer un esfuerzo de los más penosos para procurarme el alimento contenido en un plato de barro puesto a mi lado en el suelo. Observé con terror que se habían llevado el botijo. Digo con terror, porque tenía una sed intolerable. Me pareció que entraba en el plan de mis verdugos el exasperar aquella sed, porque el alimento contenido en el plato era una carne cruelmente salada.

Levanté la vista y examiné el techo de mi prisión. Estaba a una altura de treinta o cuarenta pies, y, por su construcción, se parecía mucho a los muros laterales. En uno de sus paneles, una figura de las más singulares atrajo toda mi atención. Era la figura pintada del Tiempo, como es representada de ordinario, salvo que en vez de una guadaña tenía un objeto que al primer golpe de vista tomé por la imagen pintada de un enorme péndulo, como los que se ven en los relojes antiguos. Había, de todas maneras, en el aspecto de aquella máquina, algo que hizo que la mirara con más atención. Como yo la observaba directamente, con la mirada hacia arriba —porque estaba colocada justo encima de mí—, creí ver que se movía. Un instante después se confirmó mi idea. Su balanceo era corto, y, naturalmente, muy lento. Lo observé durante algunos minutos, no sin cierta desconfianza, pero, sobre todo, con sorpresa. Fatigado a la larga de vigilar su movimiento fastidioso, dirigí mi mirada a los otros objetos de la celda.

Un leve ruido llamó mi atención, y, mirando al suelo, vi algunas enormes ratas que lo atravesaban. Habían salido del pozo que podía apercibir a mi derecha. En el mismo instante en que las miraba, subieron por grupos, corriendo, con ojos voraces, engolosinadas por el olor de la carne. Necesité muchos esfuerzos y mucha atención para apartarlas de la mía.

Podía haber pasado una media hora, quizás un ahora —porque yo no podía medir el tiempo sino muy aproximadamente—, cuando levanté otra vez la mirada encima de mí. Lo que vi entonces me confundió y me causó estupefacción. El recorrido del péndulo se había acrecentado casi una yarda; su velocidad, consecuencia lógica, era también mucho más grande. Pero lo que me turbó principalmente fue la idea de que había descendido visiblemente. Observé entonces —es inútil decir con qué terror, que su extremidad inferior estaba formada por una media luna de acero resplandeciente, que tenía cerca de un pie de largo de punta a punta; las puntas dirigidas hacia arriba y el tajo inferior evidentemente afilado como el de una navaja de afeitar. Como una navaja de afeitar, también, parecía pesada y maciza, dilatándose, a partir del filo, en una forma ancha y sólida. Estaba ajustada a una pesada pértiga de cobre, y el conjunto silbaba al balancearse a través del espacio.

Ya no podía tener más dudas acerca de la suerte que se me había preparado con la atroz máquina monacal. Mi descubrimiento del pozo había sido adivinado por los agentes de la Inquisición —¡el pozo, cuyos horrores habían sido reservados para un herético tan temerario como yo!—; ¡el pozo, imagen del infierno, y considerado por la opinión como el «summum» de todos sus castigos! Había evitado la inmersión por el más fortuito de los accidentes, y sabía que el arte de hacer del suplicio una trampa y una sorpresa formaba una rama importante de todo aquel fantástico sistema de ejecuciones secretas. Ahora bien, habiendo escapado de mi caída en el abismo, no entraba en el plan demoníaco el precipitarme en él; estaba, pues, destinado —y esta vez sin alternativa posible— a una destrucción diferente y más suave. ¡Más suave! Casi sonreí en mi agonía al pensar en la singular aplicación que hacía de tal palabra.

¿De qué sirve explicar las largas, largas horas de horror más que mortales durante las cuales conté las oscilaciones vibrantes del acero? Pulgada por pulgada —línea por línea— operaba un descenso graduado y solamente apreciable a intervalos que me parecían siglos. ¡Y seguía bajando, y seguía bajando; cada vez más bajo, cada vez más bajo!

Pasaron los días —es posible que transcurrieran muchos días— antes de que llegara lo bastante cerca de mí como para abanicarme con su soplo acre. El olor del acero afilado se introducía en mi nariz. Rogué al cielo —hasta cansarlo con mi plegaria— que hiciera descender el acero más rápidamente. Me volví loco, frenético, y me esforcé por incorporarme, por ir al encuentro de aquella terrible cuchilla en movimiento. Y luego, de súbito, caí en una gran calma, y permanecí tendido, sonriendo a aquella muerte centelleante como un niño sonríe a un juguete anhelado.

Hubo un nuevo intervalo de perfecta insensibilidad; intervalo muy corto, porque, al volver a la vida, no encontraba que el péndulo hubiese descendido una distancia apreciable. Pudiera bien ser que ese tiempo hubiese sido largo, porque yo sabía que había demonios que habían tomado nota de mi desmayo, y que podían detener la vibración a su voluntad. Al volver en mí, experimenté un malestar y una debilidad —¡oh, inexpresables!— como consecuencia de una larga inanición. Aun en medio de las angustias que sentía, la naturaleza humana imploraba su alimento. Con un penoso esfuerzo, alargué mi brazo izquierdo tan lejos como me lo permitieron mis ligaduras y me apoderé de un pequeño resto que las ratas habían querido dejarme. Mientras llevaba una parte a mis labios, un informe pensamiento de alegría —de esperanza— atravesó mi espíritu. No obstante, ¿qué podía haber de común entre la esperanza y yo? Era, digo, un pensamiento informe; el hombre los tiene a menudo, que no son completados. Sentí que era un pensamiento de alegría, de esperanza; pero sentí, también, que era muerto al nacer. En vano me esforcé por completarlo, por alcanzarlo. Mi largo sufrimiento había casi aniquilado las facultades ordinarias de mi espíritu. No era más que un imbécil, un idiota.

Las vibraciones del péndulo tenían lugar en un plano que formaba ángulo recto con mi estatura. Vi que la media luna estaba dispuesta para atravesar la región del corazón. Rasgaría la sarga de mi vestido, luego volvería y repetiría la operación, otra vez, y otra. A pesar de la terrible dimensión de la curva recorrida (algo así como treinta pies, o quizás más) y la vibrante energía de su tajada, que habría sido suficiente para cortar hasta murallas de hierro, en suma, todo lo que podía hacer, por algunos minutos, era rasgar mi vestido. Y con este pensamiento hice una pausa. No me atreví a ir más lejos que esa reflexión. Me apoyé en ella con una atención obstinada, como si, con esa insistencia, pudiese detener *allí* el descenso del acero. Me apliqué a meditar acerca del son que produciría la media lunar al pasar a través de mi vestido, acerca de la sensación particular y penetrante que el frotamiento de la tela produce en los nervios. Medité acerca de todas esas cosas hasta que sentí escalofríos.

Más bajo —más bajo aún—, se deslizaba cada vez más hacia abajo. Sentía un placer frenético en comparar su velocidad de arriba abajo con su velocidad lateral. ¡A derecha; a izquierda; y, luego, huía lejos, lejos; y, luego, volvía con el chillido de un espíritu condenado! ¡Hasta mi corazón, con el avance furtivo del tigre! Yo reía y aullaba alternativamente, según me dominaba una y otra idea.

¡Más bajo, mucho más bajo! ¡Vibraba a sólo tres pulgadas de mi pecho! Me esforcé violentamente, furiosamente, para liberar mi brazo izquierdo. Estaba libre solamente desde el codo hasta la mano. Podía mover mi mano desde el plato que estaba a mi lado hasta mi boca, con un gran esfuerzo, y nada más. Si hubiese podido romper las ataduras por encima del codo, hubiera agarrado el péndulo y hubiera tratado de detenerlo. ¡Habría igualmente tratado de detener una avalancha!

¡Todavía más bajo! ¡Incesantemente, inevitablemente más bajo! Respiraba dolorosamente, y me agitaba a cada vibración. Me empequeñecía convulsivamente a cada balanceo. Mis ojos le seguían en su vuelo ascendente y descendente con el ardor de la desesperación más insensata; se cerraban espasmódicamente en el momento de la bajada, aunque la muerte hubiese sido un alivio —¡oh, qué indecible alivio!—. Y, no obstante, temblaba con todos mis nervios al pensar que bastaba con que la máquina descendiera una muesca para hendir sobre mi pecho aquella hacha afilada, resplandeciente.

Era la esperanza, la que hacía temblar mis nervios así, y contraerse todo mi ser. Era la esperanza —la esperanza que triunfa hasta en el cadalso—, que cuchichea al oído de los condenados a muerte, hasta en las mazmorras de la Inquisición.

Vi que diez o doce vibraciones aproximadamente pondrían al acero en contacto inmediato con mi vestido, y con esta observación entró en mi espíritu la calma aguda y condenada de la desesperación. Por primera vez desde hacía muchas horas —desde hacía días quizá— yo pensaba. Me vino la idea de que la faja o cincha que me envolvía era de un solo pedazo. Estaba atado por una ligadura continua. El primer corte de la cuchilla, de la media luna, en una parte cualquiera de la cincha, tenía que soltarla suficientemente para permitir a mi mano izquierda el desenvolverla alrededor de mí. ¡Pero cuán terrible se haría en ese caso la proximidad del acero! ¡Y el resultado de la más ligera sacudida, mortal! ¿Era acaso verosímil que los ayudantes del verdugo no hubiesen previsto y evitado esa posibilidad? ¿Era probable que la faja atravesara mi pecho según el recorrido del péndulo? Temblando de ver frustrada mi débil esperanza, verosímilmente la postrera, levanté lo suficiente la cabeza para ver bien mi pecho. La cincha envolvía estrechamente mis miembros y mi cuerpo en todos los sentidos, excepto en el del plano de la media luna homicida.

Apenas hube dejado caer otra vez mi cabeza en su posición primera, sentí brillar en mi espíritu algo que no podría definir mejor sino como la mitad no formada de aquella idea de liberación de que ya he hablado y de la que una mitad sola había flotado en mi cerebro, cuando llevé el alimento a mis labios ardientes. La idea entera estaba ahora presente, débil, apenas viable, apenas definida, pero, al fin, completa. Me puse inmediatamente, con la energía de la desesperación, a tratar de llevarla a cabo.

Desde hacía varias horas, en la vecindad inmediata del catre en que estaba echado literalmente pululaban las ratas. Eran tumultuosas, atrevidas, voraces; sus ojos rojos, dirigidos hacia mí, como si no esperaran más que mi imnovilidad para hacerme su presa. ¿A qué alimento —pensé— se han acostumbrado en el pozo?

Salvo un pequeño resto, habían devorado, a pesar de todos

mis esfuerzos por impedirlo, el contenido del plato. Mi mano había contraído un hábito de vaivén, de balanceo hacia el plato; y, a la larga, la uniformidad maquinal del movimiento le había sustraído toda su eficacia. En su voracidad, aquella plaga clavaba a menudo sus dientes agudos en mis dedos. Con los pedazos de la carne oleosa y sazonada que aún quedaba, frotaba con fuerza la faja por todas las partes que podía alcanzar; luego, retirando la mano del suelo, permanecí inmóvil y sin respirar.

De momento, los voraces animales quedaron sorprendidos y asustados por el cambio, por el cese del movimiento. Se alarmaron y huyeron; muchas volvieron al pozo; pero eso sólo duró un instante. Yo no había contado en vano con su glotonería. Observando ellas que yo permanecía quieto, una o dos de las más atrevidas treparon al catre y husmearon la cincha. Ello me pareció el indicio de una invasión general. Tropas frescas se precipitaron fuera del pozo. Se aferraron a la madera, la escalaron y saltaron por centenares sobre mi cuerpo.

El movimiento regular del péndulo no las asustaba lo más mínimo. Evitábanlo a su paso y trabajaban activamente sobre la faja untada de aceite. Se apretaban, pululaban y se amontonaban incesantemente sobre mí; se retorcían sobre mi garganta; sus labios fríos buscaban los míos; estaba sofocado a medias por su peso multiplicado; una repugnancia para la que no hay nombre en el mundo, soliviantaba mi pecho y me helaba el corazón como un vómito pesado. Un minuto más, y sentía que la horrible operación estaría terminada. Sentía positivamente el aflojamiento de la faja; sabía que ya debía estar cortada por más de una parte. con una resolución sobrehumana, permanecí inmóvil.

No me había equivocado en mis cálculos, no había sufrido en vano. A la larga sentí que estaba libre. La cincha colgaba a jirones alrededor de mi cuerpo; pero el movimiento del péndulo atacaba ya a mi pecho; había hendido la sarga de mi vestido; había cortado la camisa de abajo; hizo aún dos oscilaciones, y una sensación de dolor agudo atravesó todos mis nervios.

Pero había llegado el instante de la salvación. A un gesto de mi mano, mis libertadores huyeron tumultuosamente. Con un movimiento tranquilo y resuelto, prudente y oblicuo, lentamente y aplanándome, me deslicé fuera de la atadura de la cincha y del alcance de la diabólica máquina. ¡Al menos, por el momento, estaba libre!

¡Libre en las garras de la Inquisición!

Apenas había salido de mi situación de horror, apenas había dado algunos pasos sobre el suelo de mi prisión, cuando el movimiento de la máquina infernal cesó, y la vi desaparecer, atraída por una fuerza invisible, a través del techo. Lección fue, ésa, que arrancó toda esperanza de mi corazón. Todos mis movimientos, indudablemente, eran espiados. ¡Libre! No me había escapado de la muerte en una especie de agonía, sino para ser entregado a algo peor que la muerte en alguna otra especie. Pensando en ello miraba convulsivamente las paredes de hierro que me rodeaban. Algo singular, un cambio que, de pronto, no pude apreciar distintamente, se produjo en la cámara, era evidente. Durante algunos minutos de una distracción llena de sueños y de escalofríos me extravié en vanas e incoherentes conjeturas. Entonces me di cuenta, por primera vez, de la luz mortecina que iluminaba la celda. Provenía de una hendidura ancha, aproximadamente de una media pulgada, que se extendía alrededor de la prisión en la base de las paredes, que parecían así, y lo estaban, en efecto, completamente separadas del suelo. Traté, pero en vano, como puede pensarse, de mirar por aquella abertura.

Cuando me incorporaba descorazonado, el misterio de la alteración de la cámara se reveló de un golpe a mi inteligencia. Había observado que, bien que los contornos de las figuras murales fuesen suficientemente distinguibles, los colores parecían alterados e indecisos. Esos colores acababan de tomar y tomaban a cada instante un brillo sorprendente y muy intenso, que daba a aquellas figuras fantásticas y diabólicas un aspecto que hubiese hecho estremecer nervios más sólidos que los míos. Ojos de demonios, de una vivacidad feroz y siniestra, me asestaban sus miradas desde mil lugares, desde donde primitivamente no sospechaba que hubiera ninguno, y relucían con el brillo lúgubre de un fuego que yo quería absolutamente, pero en vano, mirar como imaginario.

¡Imaginario! ¡Me bastaba respirar para atraer a mi olfato el vapor del hierro caldeado! ¡Un olor sofocante se esparcía por la prisión! ¡Un ardor más profundo se fijaba a cada instante en las miradas asestadas a mi agonía! ¡Un tinte más rojo se extendía sobre aquellas pinturas de sangre! ¡Estaba jadeante! ¡Respiraba con esfuerzo! ¡No cabían dudas acerca de los propósitos de mis verdugos! ¡Oh, los más despiadados! ¡Oh, los más demoníacos de los hombres! Retrocedí lejos del metal ardiente hacia el centro del calabozo. ante aquella destrucción por el fuego, la idea del frescor del pozo se presentó a mi alma como un bálsamo. Me precipité hacia sus bordes mortales. Tendí mis miradas hacia el fondo. El brillo de la bóveda inflamada iluminaba sus más secretas cavidades. De todos modos, durante un instante de extravío, mi espíritu se negó a comprender la significación de lo que veía. Por fin, ello entró en mi alma, por fuerza, victoriosamente; se imprimió con fuego en mi razón temblorosa. ¡Oh, una voz, una voz para hablar! ¡Oh, horror! ¡Oh, todos los horrores, excepto ese! Con un grito me lancé lejos del brocal, y, escondiendo mi rostro entre mis manos, lloré amargamente.

El calor aumentaba con rapidez pavorosa, y una vez más levanté la vista, estremeciéndome como en un acceso de fiebre. Un segundo cambio había tenido lugar en la celda, y ahora ese cambio era evidentemente de forma. Como la primera vez, en vano traté de apreciar o comprender lo que sucedía. Pero no se me dejó mucho rato en la duda. La venganza de la Inquisición iba a gran velocidad, desviada, dos veces por dicha mía, y ya no se podía jugar más con el Rey de los Espantos. La cámara había sido cuadrada. Me di cuenta de que dos de sus ángulos de hierro eran entonces agudos; dos, por lo tanto, obtusos. el terrible contraste aumentaba rápidamente, con un fragor, un gemido sordo. En un instante, la cámara había cambiado su forma en la de un rombo. Pero la transformación no se detuvo ahí. No deseaba, no esperaba que se detuviera. Hubiese aplicado los muros rojos contra mi pecho, como una vestidura de paz eterna.

—¡La muerte! —me dije—, no importa qué muerte, excepto la del pozo!

¡Insensato! ¿Cómo no había comprendido que era necesario el pozo, que sólo el pozo era la razón del hierro ardiente que me asediaba? ¿Podría resistir a su ardor...? Y ahora, el rombo se aplanaba, se aplanaba, se aplanaba con una rapidez que no me dejaba tiempo para reflexionar. Su centro, situado en la línea de su mayor anchura, coincidía justo con la abertura del abismo.

Traté de retroceder, pero las paredes, estrechándose, me apretaban irresistiblemente. Por fin, vino un momento en el que mi cuerpo, quemado y contorsionado, encontraba apenas su sitio, en que apenas había lugar para mi pie en el suelo de la prisión. Ya no luchaba, pero la agonía de mi alma se exhaló en un grande y largo grito supremo de desesperación. Sentí que vacilaba en el borde, volví la mirada...

Y, de repente, ¡un ruido discorde de voces humanas! ¡Una explosión, un huracán de trompetas! ¡Un rugido potente como el de un millar de truenos! ¡Los muros de hierro retrocedieron precipitadamente! Un brazo agarró el mío cuando yo caía, desfallecido, en el abismo. Era el brazo del general Lassalle. El ejército napoleónico había entrado en Toledo. La Inquisición caía en manos de sus más encarnizados enemigos.

Una mixtificación

El barón Ritzner von Yung era miembro de una noble familia originaria de Hungría cuyos componentes todos han sido, desde hace tiempo, más o menos notables por alguna rareza de carácter; la mayoría, por una especie de extrañeza en las concepciones, de la que el poeta Tiek, uno de los vástagos de esa raza, ha dado señales sorprendentes, quizá más que nadie.

Mi amistad con el barón Ritzner empezó en el castillo de Yung, adonde fui a parar por algunos meses durante el verano de 18..., por una serie de percances magníficos que han de permanecer en el secreto. Allí me granjeé un lugar en su estimación y, con un poco más de esfuerzo, obtuve una imperfecta visión de su constitución mental. Más tarde, el conocimiento fue más profundo, en la medida que creció la intimidad que lo había originado; y cuando, después de tres años de separación, nos volvimos a encontrar en la Universidad de G..., yo sabía todo cuanto era necesario saber acerca del carácter del barón.

Recuerdo los sentimientos de curiosidad que produjo su llegada al centro universitario, la noche del 25 de junio. Recuerdo, más aún, que todos los estudiantes, a primera vista, lo declararon el hombre más raro del mundo, sin que nadie intentara motivar esa opinión. La disparidad de Ritzner parecía tan innegable que se hubiese juzgado impertinente buscar lo que le distinguía. Pero dejemos esa cuestión.

Quiero decir que, desde el primer momento en que el barón

apareció en G..., ejerció sobre las costumbres, las maneras, las personas, los gustos de toda la comunidad, la influencia más extensa, la más despótica, pero, al mismo tiempo, la menos definida, y la más inexplicable. Y, por eso, el corto período de su permanencia, hizo época en los anales de la Universidad, y se llama, por todos los que pertenecen o dependen de ella; «la extraordinaria época en que dominaba el barón Ritzner von Yung».

Desde su llegada a G..., vino a verme a mis habitaciones. No tenía edad en aquella época, por lo que quiero decir que su edad no estaba indicada por ningún rasgo exterior. Hubiera podido tener de 20 a 40 años, y tenía, en realidad, 21. No era, en absoluto, un hombre guapo; más bien parecía lo contrario. El perfil de su rostro era anguloso y rudo. Su frente era alta y despejada; su nariz era chata; sus ojos grandes, pesados, vidriosos e inexpresivos. La boca era más notable. Sus labios eran salientes y descansaban el uno sobre el otro, de tal manera que era imposible concebir una combinación de trazos humanos, ni la más compleja, que pudiera representar tan perfecta y tan exclusivamente la idea de seriedad, de calma, de gravedad, más inalterables.

Se habrá notado, sin duda, por lo que he dicho, que el barón era una de esas anomalías humanas que se encuentran de vez en cuando y que hacen de la mixtificación el motivo y el negocio de su vida. De esa ciencia le había asegurado la posesión, por instinto, su espíritu particular, mientras que su apariencia física le daba facilidades poco comunes para practicarla. Creo, firmemente, que ningún estudiante, durante la época tan curiosamente llamada la «era del barón Ritzner», penetró en el secreto de aquella rara naturaleza. Creo realmente que nadie en la Universidad, salvo yo, pudo suponer a mi amigo capaz de una broma de palabra o de acción. Antes se hubiera acusado de ella al viejo dogo que moraba al pie de la reja del jardín, o al espíritu de Heráclito o a la toga del profesor de teología. Y eso sucedía cuando era visible y sabido que las más divertidas y las más imperdonables de las bromas posibles, las más raras y las más bufonescas, eran realizadas, si no por él, por lo menos a causa de él y con su complicidad indirecta.

Lo bueno, si puedo expresarlo así, de su arte de mixtificador, residía en su habilidad consumada (resultado de un conocimiento casi intuitivo de los hombres y de una sangre fría sorprendente) por la que no dejaba nunca de hacer parecer que las bromas que realizaba se producían, ya sea a pesar de él, ya por efecto de sus esfuerzos para evitarlas, para preservar el buen orden y la dignidad de la Universidad. La profunda, potente, suprema mortificación que a cada fracaso de sus virtuosas tentativas se notaba en todas las líneas de su fisonomía, no permitía ni en lo más mínimo dudar de su sinceridad en el espíritu de sus compañeros, ni aun de los más escépticos. No era menos digna de nota su habilidad en hacer pasar el ridículo del autor a la obra, de su propia persona a los absurdos que había suscitado.

Nunca he conocido a nadie, salvo a mi amigo, que hiciese de la mixtificación un hábito y que se librara de las consecuencias naturales de sus maniobras, es decir, de que su carácter o su persona cayeran en descrédito alguno. El barón, por el contrario, entregado como estaba a la broma, parecía, sin embargo, que no vivía sino para las severidades del mundo, y ni su misma familia ha asociado un instante a su memoria otras ideas que las de majestad y nobleza.

En el transcurso del tiempo que Ritzner permaneció en G..., parecía que el genio del *far niente* se cernía como un dipsómano sobre la Universidad. No se hacía en ella más que beber, comer y divertirse. Las numerosas habitaciones de los estudiantes se convirtieron en otros tantos cafés cantantes y ninguno era tan famoso ni más concurrido que el del barón. Nuestras orgías allí fueron numerosas, largas, ruidosas y jamás faltas de acontecimientos.

Cierta noche, habíamos prolongado nuestra reunión hasta el despuntar del día porque bebimos más vino que de costumbre. La compañía se componía de siete u ocho personas, además del barón y de mí. La mayoría de los que allí se encontraban eran jóvenes de importantes y orgullosas familia, de grandes relaciones e imbuidos de ideas exageradas acerca del pundonor. Abundaban en las más extremadas opiniones alemanas sobre el duelo. Ciertas publicaciones parisinas recientes, apoyadas por tres o cuatro encuentros desesperados y mortales en G..., habían dado un vigor y un impulso nuevo a esas ideas a lo Don Quijote. Por eso la conversación, durante la mayor parte de la noche, se hizo sobre ese preocupante tema.

Ritzner, que se había callado, contra su costumbre, al principio de la sesión, pareció, al fin, despertarse de su apatía, condujo la conversación y se extendió sobre los beneficios, las bellezas, del código aceptado y de la etiqueta apropiada para los encuentros. Habló con un ardor, una elocuencia, un sentimiento y una unción, que inspiraron el mayor entusiasmo a sus auditores, en general, y que me causaron estupefacción a mí mismo, que sabía bien que, en el fondo del alma, el barón despreciaba las materias por las cuales se enardecía, y que guardaba particularmente para toda la fanfarronería de la etiqueta del duelo el soberano desprecio que ésta merece.

Mirando a mi entorno durante una pausa del barón (cuyo discurso podrán imaginarse mis lectores cuando les habré dicho que lo pronunciaba de la manera fervorosa, cantarina, monótona aunque musical y predicadora propia Coleridge) sorprendí las huellas de un interés más que ordinario por lo que se decía, en la fisonomía de uno de los auditores.

Este, a quien llamaré Herrmann, era original en todo, excepto, quizá, en el hecho de que estaba medio loco. Había encontrado, no obstante, la manera de adquirir, en cierta camarilla de la Universidad, una reputación de profundo metafísico y, creo, de tener algún talento en la lógica. Como duelista era uno de los más renombrados en G..., olvido el número preciso de las víctimas que cayeron por su mano, pero la suma se tenía por considerable. Era, incontestablemente, un hombre de valor. Pero él se enorgullecía, sobre todo, de sus conocimientos minuciosos en materia de etiqueta y de su delicadeza en los temas del pundonor. Esa era su irresistible manía.

El barón, siempre al acecho de los tipos extravagantes, encontró durante mucho tiempo materia de mixtificación en las particularidades de Herrmann. No pensaba yo en esa circunstancia, pero me di cuenta de que mi amigo maquinaba algo extraordinario con vistas a Herrmann.

Como Ritzner continuara su discurso o, mejor dicho, su monólogo, vi claramente que la excitación de Herrmann aumentaba poco a poco. Por fin, habló, presentando una objeción a un punto sobre el que Ritzner había insistido, y dando sus razones con gran detalle.

A estas razones, el barón respondió extensamente conservando siempre un tono sentimental y acabando su réplica de una manera que yo encontré de muy mal gusto: con un sarcasmo y una burla dirigida contra Herrmann. La manía de éste salió de sus goznes. Me apercibí de ello por el tono afectado y puntilloso de su réplica. Me acuerdo claramente de sus últimas palabras:

—Sus explicaciones —dijo—, permítame, se lo ruego, que se lo haga observar, barón Ritzner von Yung, aunque correctas en general, le dan, en varios puntos delicados, poco crédito a usted y a la Universidad de la que usted es un miembro más. En ciertas partes, son hasta indignas de una refutación seria. Iría aún más lejos, si no temiera ofenderle (aquí, el orador sonrió de una manera afable); yo diría, señor, que sus opiniones no son las que cabe esperar de un caballero.

En cuanto Herrmann terminó esa frase tan poco equívoca, todas las miradas se dirigieron hacia el barón. Este se tornó pálido, luego excesivamente encarnado; después, dejando caer su pañuelo, se agachó para recogerlo.

Yo llegué entonces a contemplar su cara en el momento en que nadie más, alrededor de la mesa, podía verla. Su fisonomía radiaba la expresión sardónica, natural en el barón, pero que nunca le había visto cuando estaba solo conmigo y se manifestaba sin trabas. Un instante después, se había incorporado y miraba a Herrmann, de arriba abajo.

Jamás había asistido a una alteración de rasgos tan completa en un tiempo tan corto. Hasta llegué a imaginarme, por un momento, que me había engañado y que el barón estaba terriblemente serio. Parecía que se ahogaba de rabia y su cara era de una palidez cadavérica. Durante algún tiempo permaneció en silencio y se esforzó visiblemente en dominar su emoción. Habiéndolo, por fin, logrado en apariencia, cogió una botella que estaba cerca de él y dijo, sujetándola fuertemente:

—Las frases que usted ha tenido a bien decir, Herr Herrmann, dirigiéndose a mí, están sometidas a objeciones de todas clases, que no tengo ni el humor ni el tiempo de especificar. Pero decir que mis opiniones no son las que se tiene derecho esperar de un caballero de honor es una aserción tan directamente ofensiva que no me queda sino una línea de conducta. Alguna cortesía, no obstante, debo a la presencia de esta compañía y a usted mismo que es mi huésped. Usted me excusará, pues, si falto ligeramente al uso constante entre gente de honor en los casos parecidos de ofensa personal. Usted me perdonará el pequeño esfuerzo que voy a exigir a su imaginación. Aplíquese usted en considerar, por un momento, la reflexión de su persona en este espejo, en considerar, por un momento, el reflejo de su persona en este espejo, como al mismo Herr Herrmann viviente. Una vez hecho eso, no habrá dificultad alguna. Voy a lanzar esta botella sobre su imagen en el espejo, y satisfaré así, en espíritu, ya que no en la letra, el resentimiento que me causa su insulto, sin llegar a una violencia contra su persona.

Una vez dichas esas palabras, arrojó la botella llena de vino contra el espejo que pendía delante de Herrmann, alcanzando su imagen con gran precisión y, naturalmente, rompiendo el espejo en mil pedazos. El grupo entero se levantó y se fue, dejándome a mí solo con Ritzner.

Este, cuando Herrmann salía, me dijo al oído que le siguiera y le ofreciera mis servicios. Consentí en ello sin saber qué hacer, precisamente, en un tema tan ridículo.

Herrmann me acogió con su aire rígido y afectado. Tomándome por el brazo, me condujo a sus habitaciones. Apenas podía evitar el reírme en sus narices cuando siguió discurriendo con la más profunda gravedad sobre lo que él llamaba «la naturaleza particularmente refinada del insulto que había recibido».

Tras haberme formulado una arenga fatigante y concebida en su estilo ordinario, cacó de un anaquel cierto número de volúmenes anticuados relativos al duelo y me entretuvo mucho tiempo con su contenido, leyendo en voz alta pasajes que iba comentando. Había allí las *«Ordenanzas de Felipe el Hermoso sobre el combate singular;* el *Teatro del honor,* por Tavyn; un *Tratado sobre el permiso de los duelos,* por Andiguier. Herrmann me exhibió, también, con gran pompa, las *Memorias del duelo,* de Pierre de Brântome, Colonia, 1660, un tomo precioso, único, en papel pergamino, con grandes márgenes, encuadernado por Derome.

Con aire de misteriosa finura, reclamó mi atención para un libro grueso, escrito en latín clásico por un tal Hedelin, francés, y que llevaba este título singular: *Duelli lex scripta et non, aliterque.* De esta última obra, me leyó un capítulo, lo más raro del mundo, sobre las *Injuriae per applicationem, per constructionem et per se,* la mitad del cual, según me aseguró, concernía directamente a su propio caso «particularmente refinado»; aunque yo no habría comprendido ni una palabra de todo ese espinoso tema, aunque me hubiesen cortado la cabeza.

Cuando terminó de leer el capítulo, cerró el libro y me preguntó lo que yo creía qué se debía hacer.

Contesté que tenía plena confianza en la delicadeza de sus sentimientos y que me atendría a lo que propusiera. Parecióme halagado por la respuesta y se sentó para escribir una carta al barón.

Hela aquí:

Señor:

Mi amigo, el Sr. P., le entregará a Ud. esta carta. Creo que me corresponde el pedirle, para tan pronto como le sea posible, una explicación de lo que ha ocu-

rrido esta noche en su alojamiento. En el caso de que Ud. se niegue a mi petición, el señor P. tendrá el gusto de arreglar, con un amigo que Ud. designará, los preliminares para un encuentro.

Con los sentimientos del mayor respeto, queda de usted, señor, humilde servidor.

HANS HERRMANN

Al barón Ritzner von Yung.
28 de agosto 18...

No teniendo nada mejor que hacer, visité a Ritzner con mi carta. Se inclinó cuando se la presenté; luego, con un aire grave, me indicó un asiento. Una vez hubo leído la misiva de Herrmann, escribió la respuesta siguiente, que yo me encargue de llevar a este último:

Señor:

Mediante nuestro común amigo, el señor P., he recibido su carta de esta mañana. Después de las reflexiones debidas, reconozco francamente la oportunidad de la explicación que me sugiere. Admitido esto, encuentro, no obstante, muchas dificultades —considerando la naturaleza particularmente refinada de nuestra desavenencia y de la ofensa personal por usted cometida contra mi persona—, para expresar lo que tengo que decir como excusa, y para adaptar mi lenguaje a todas las exigencias minuciosas y a los detalles de nuestro litigio. Tengo, no obstante, gran confianza en aquella extremada delicadeza y en aquel discernimiento relativos a la etiqueta por los que usted se ha distinguido tanto tiempo y tan eminentemente. Con la certeza absoluta de ser comprendido, le pido el permiso, en lugar de ofrecerle la expresión de mis sentimientos, de dirigirle a las opiniones del llamado Hedelin, tal y como están enunciadas, en el primer párrafo del capítulo «Injuriae per applicationem, per constructionem et per se» en su «Duelli lex scripta et non, aliterque».

La perfección de su saber sobre el asunto tratado en ese escrito será suficiente, estoy seguro de ello, para convencerle de que al remitirle a ese párrafo, satisfago plenamente a su petición de explicaciones.

Con los sentimientos del más profundo respeto, quedo, señor, de usted, seguro servidor.

R. VON YUNG

Al señor Hans Herrmann.
28 agosto 18...

Herrmann empezó a recorrer las líneas de esta carta con un aire huraño que se trocó en una sonrisa de la más ridícula complacencia cuando llegó a las explicaciones sobre las *Injuriae per applicationem, per constructionem, etc.* Al acabar su lectura, me rogó con la más amable de las fisonomías, que me sentara, mientras él se referiría al tratado en cuestión. Tomó el pasaje indicado, lo leyó cuidadosamente para sí, enseguida cerró el libro y me encargó, en mi calidad de confidente, que expresara al barón sus sentimientos de admiración por la conducta caballerosa que seguía y, en calidad de padrino, que le asegurara que la explicación dada era la más completa, la más honorable, la más satisfactoria y la más categórica posible.

Bastante sorprendido por todo ello, me retiré y fui a casa del barón, quien pareció recibir el mensaje de Herrmann como una cosa natural. Después de conversar sobre cosas insignificantes pasó a otra habitación y trajo de ella el eterno *Lex duelli, etc.* Me dio el libro y me pidió que leyera cierto párrafo. Así lo hice, pero sin gran resultado, porque no fui capaz de hallar la menor traza de sentido. Devolví la obra al barón, y él leyó un capítulo en voz alta. Con gran sorpresa mía, lo que leía él era la relación horriblemente absurda de un duelo entre dos perros.

Me aclaró entonces el misterio mostrándome que el volumen tal como aparecía a simple vista estaba escrito según modelo de los versos vacíos de Du Bartas; es decir, que el discurso estaba ingeniosamente redactado de modo que ofrecía todos los signos exteriores de lo inteligible y hasta de lo profundo, pero, de hecho, no contenía ni una sombra de sentido. Para penetrar el secreto, se tenían que saltar alternativamente una serie de pullas bufonescas sobre un combate singular tal y como se practica hoy.

Ritzner me informó de que, tres semanas antes de la aventura, había enviado expresamente su libro a Herrmann, que se había asegurado, hablando con la víctima, de que éste había estudiado la *Lex Duelli* con la más profunda atención y que la juzgaba, firmemente, como una obra de mérito poco común. El barón había obrado apoyándose en esos indicios.

Sin duda, Herrmann hubiese preferido sufrir mil muertes antes que reconocer su incapacidad para comprender todo cuanto concernía al duelo.

El cuervo

Cierta vez, en una taciturna medianoche, mientras meditaba, débil y fatigado, sobre la materia leída en un muy precioso y curioso libro de antigua sabiduría; mientras cabezeaba, amodorrado, de repente se produjo un golpear, como de alguien que llamara suavemente a la puerta de mi habitación. «Es alguna visita —pensé— que llama a la puerta de mi habitación; es sólo eso, nada más.»

¡Ah! claramente recuerdo que era en el frío diciembre y que cada brasa bordaba el suelo con el reflejo de su agonía. Ardientemente, deseé la llegada de la mañana; en vano me esforcé por obtener de mis libros que mitigaran mi pena, mi tristeza por mi Leonor perdida, por la preciosa y radiante Leonor, cuyo nombre nadie pronunciará nunca más.

Y el sedoso, triste y vago crujir de los cortinajes de púrpura penetraba en mí, me llenaba de terrores fantásticos; tanto que, por fin, para calmar la palpitación de mi pecho, me erguí, diciendo: «Es alguna visita que quiere entrar en mi habitación; algún visitante retrasado que solicita la entrada en la puerta de mi habitación; es sólo eso, nada más».

Mi alma, de repente, se sintió más fuerte. No dudando más dije: «Señor o señora, os ruego vuestro perdón; pero el caso es que dormitaba, y habéis llamado tan suavemente a la puerta de mi habitación, que apenas creo haberos oído». Y entonces, abrí de par en par la puerta; ¡sólo había tinieblas, nada más!

Mirando a través de aquellas tinieblas, me mantuve mucho tiempo lleno de asombro, de temor, de duda, imaginando cosas que ningún ser humano se ha atrevido a soñar jamás; pero el silencio no fue turbado, la inmovilidad permaneció, y la sola palabra proferida fue un nombre susurrado: «¡Leonor!»... Era yo quien lo decía y un eco, a su vez, murmuró esta palabra: «¡Leonor!»... sólo eso, nada más.

Al entrar de nuevo en mi aposento, y sintiendo toda mi alma incendiada, escuché un golpe un poco más fuerte que el primero. «Seguramente —dije—, seguramente, hay algo en las rejas de mi ventana; veamos pues qué es ese misterio. Esperemos que mi corazón se calme un instante, y aclaremos ese misterio; debe ser el viento, nada más».

Corrí el postigo, y, con un rumoroso aleteo, entró un gran cuervo digno de los mejores relatos antiguos. No hizo ni la menor reverencia, no se detuvo, no vaciló ni por un minuto; pero con el aire de un caballero o de una dama, se puso encima de la puerta de mi habitación; trepó sobre un busto de Palas y se instaló, nada más.

Entonces, a aquel pájaro negro como el ébano, que por la gravedad de su postura y la severidad de su figura, inducía mi triste imaginación a la sonrisa, le dije: «¡Aunque tu cabeza sea lisa y rasa, ciertamente no eres un cobarde, lúgubre cuervo, viajero salido de las riberas de la noche!». «¡Dime cuál es tu nombre señorial en las riberas de la noche plutónica!»... El cuervo dijo: «¡Nunca-más!»

Me fascinó que aquel desagraciado pájaro se expresara tan fácilmente, si bien su respuesta no tuvo mucho sentido y no me sirvió de gran cosa; porque hay que decir que jamás fue dado a un hombre el ver a un ave encima de la puerta de su habitación, a un ave sobre un busto colgado sobre la puerta de su habitación, llamarse a sí mismo: ¡Nunca-más!

Mas el cuervo, sentado solitariamente sobre el busto plácido, no dijo sino esas palabras, como si en esas palabras únicas vertiera toda su alma. No dijo nada más; no movió ni una pluma; hasta que empecé a decir débilmente: «Otros amigos ya emprendieron el vuelo lejos de mí; en la madrugada, él también me abandonará como lo han hecho mis antiguas esperanzas que ya remontaron el vuelo»... El cuervo dijo entonces: «¡Nunca-más!»

Estremecido al escuchar esa respuesta lanzada tan a propósito dije: «Sin duda lo que él dice es todo su caudal de ciencia, que adquirió de algún maestro desdichado al que la implacable desgracia ha perseguido sin descanso, hasta que sus canciones no tuvieron más que un único estribillo, hasta que el lamento de su Esperanza hubo adquirido esta melancólica frase: ¡Nunca-más!».

Pero, como el cuervo indujera todavía a toda mi alma hacia la sonrisa, puse un mullido sillón ante el ave y el busto y la puerta; entonces, hundiéndome en el sillón, me apliqué en encadenar las ideas a las ideas, buscando lo que ese siniestro pájaro de tiempos antiguos, lo que esa triste, desgraciada y siniestra ave de los tiempos antiguos quería dar a entender al decir su ¡Nunca-más!

Me senté pensando y conjeturando, pero sin dirigir ni una sílaba más al ave, cuyos ojos fieros me quemaban hasta el fondo del corazón; trataba de adivinar eso, y más aún; con mi cabeza apoyada cómodamente en el terciopelo del almohadón, acariciado por la tenue luz de la lámpara; aquel terciopelo en el que su cabeza, la de Ella, ya no se apoyará más, ¡ay, nunca-más!

Fue entonces cuando me pareció que el aire se hizo más denso, como perfumado por un incensario invisible que balanceaban serafines cuyos pasos hollaban la alfombra de mi habitación. «¡Desgraciado —exclamé—, Dios te ha hablado por sus ángeles, te ha enviado aliento para tus recuerdos de Leonor! ¡Bebe, oh, bebe de ese dulce licor, y olvida a Leonor ya perdida!»... El cuervo dijo: «¡Nunca-más!»

«¡Profeta! —dije—. ¡Ente maligno! ¡Pájaro o demonio, pero profeta siempre! Que seas un enviado del Tentador, o que la tempestad te haya embarrancado, te haya hecho naufragar, intrépido siempre, en esta tierra desierta, embrujada, en esta estancia atormentada por el Horror, dime la verdad, te lo suplico, ¿existe, existe aquí un bálsamo como el de Judea? ¡Dímelo te lo suplico!»... El cuervo dijo: «¡Nunca-más!»

«¡Profeta! —dije—. ¡Ente maligno! ¡Pájaro o demonio, pero profeta siempre! Por ese Cielo cernido sobre nuestras cabezas, por ese Dios que ambos adoramos, di a esta alma cargada de angustia si, en el Edén lejano, podría besar a una joven santa a quien los ángeles llaman Leonor, amar a una preciosa y radiante joven a quien los ángeles llaman Leonor»... El cuervo dijo: «¡Nunca-más!»

«¡Que esta palabra sea la señal de nuestra separación, pájaro o demonio! —grité, incorporándome—. ¡Vuelve a la tempestad, vuelve a la ribera de la Noche plutónica; no dejes aquí ni una sola pluma como recuerdo de la mentira que ha proferido tu alma; deja mi soledad intacta; abandona a ese busto de mi puerta; aparta tu pico de mi corazón y arroja tu espectro lejos de mi puerta!»... El cuervo dijo: «¡Nunca-más!»

Y el cuervo, sin revolotear, sigue posado sobre el busto de Palas, justo encima de la puerta de mi habitación; y sus ojos son como los ojos de un demonio que medita; y la luz de la lámpara, que le ilumina por encima, proyecta su sombra en el suelo; y mi alma, que yace flotando en el suelo, no se levantará ya más, ¡nunca-más!

COLECCIÓN GRANDES AUTORES

El Heptamerón, *Margarita de Valois*
El Satiricón, *Petronio*
El amante de Lady Chatterley, *D. H. Lawrence*
La dama de las camelias, *Alejandro Dumas*
Relatos para leer en la cama, *Colectivo de autores*
El Erotikón, *Colectivo de autores*
El Pornotikón, *Colectivo de autores*
El jardín perfumado, *Jeque Nefzawi*
Crónicas galantes, *Colectivo de autores*
¿Quién es más fogosa...?, *Pierre de Bourdeille*

El labrador marino, *Jack London*
Antes de Adán, *Jack London*
Nuevos cuentos del mar, *Jack London*
Historias de los siglos futuros, *Jack London*
Martin Eden, *Jack London*
Tiempos malditos, *Jack London*
Las aventuras del gran norte, *Jack London*
Con usted por la revolución, *Jack London*
Cara de luna y otros relatos, *Jack London*
Narraciones extraordinarias, 1.ª selección, *E. A. Poe*
Narraciones extraordinarias, 2.ª selección, *E. A. Poe*
Narraciones extraordinarias, 3.ª selección, *E. A. Poe*
Narraciones extraordinarias, 4.ª selección, *E. A. Poe*
Narraciones extraordinarias, 5.ª selección, *E. A. Poe*
Los sonetos, *Shakespeare*
Tao Te King, *Lao Tse*
Las flores del mal y otros poemas, *Baudelaire*
Antología poética, *Verlaine*
Dafnis y Cloe, *Longo*

Rimas y leyendas, *Gustavo Adolfo Bécquer*
Cartas desde mi celda, *Gustavo Adolfo Bécquer*
Diario de un seductor, *Sören Kierkegaard*
Hojas de hierba, *Walt Whitman*
Rubbaiyyat, *Omar Khayyam*
Prosas e iluminaciones, *Rimbaud*
Poesía completa, *Jorge Manrique*
Poemas satíricos, *Quevedo*
Poesía completa, *Fray Luis de León*
Obra poética, *San Juan de la Cruz*
La gitanilla, *Miguel de Cervantes*
La ilustre fregona, *Miguel de Cervantes*
Poesías escogidas, *Rubén Darío*
Poesías y exclamaciones, *Santa Teresa de Jesús*
Antología poética, *Gabriel y Galán*
Los caballeros del rey Arturo, *Pablo Mañé*
La leyenda del santo grial, *M. V. Alonso*
La perfecta casada, *Fray Luis de León*
Vida de las casadas y de las cortesanas, *Aretino*
Constitución española
Elogio de la locura, *Erasmo de Rotterdam*
Poesía española del siglo de oro
Vuelva Ud. mañana y otros artículos, *Larra*
Romancero español
Azul, *Rubén Darío*
Poesía romántica española
Ananga Ranga, *Anónimo*